현대신서
109

도덕에 관한 에세이

크리스티앙 로슈 / 장 자크 바레로

고수현 옮김

東文選

도덕에 관한 에세이

Christian Roche / Jean-Jacques Barrère

TOUT FOUT LE CAMP
Essai sur la morale

1

잉여의 것

"잉여의 젊음, 잉여의 계절, 잉여의 가을, 이런 건 다 꺼져라"라고, 이미 수년 전 프랑스의 시인 물루지는 노래하였다.

계속하자면 그는 "잉여의 아이들, 잉여의 가정, 잉여의 도덕이 있다" 하여 스스로가 너무 늙었다면서 불가항력의 좌절감을 드러내는 모든 이들에게 야유를 보냈다.

애매하게 반정부적인 냄새를 풍기는 이 노래에서 그는 과거의 예의 범절과 제도에 대한 존경심, 조국의 영광 따위는 다 끝장났다고 단호하게 말하고 있는 것이다. 유감이긴 하지만 그런 건 "다 꺼져라."

세계화라는 강요된 대세에 눌린 우리 시대, 냉혹한 자유 경제 논리에 가정이 짓밟히는 듯한 느낌이 점점 고조되는 이때에 다시금 도덕적 데카당스를 비난하는 목소리가 높아지고 있다. 물론 여기에는 파시스트적인 질서를 바라는 의심스러운 분노도 뒤섞여 있다. 또한 다른 사람들에 대한 온화한 존경심에서 우러나온 예의 범절이라는 규범적인 이상을 꿈꾸면서 금기와 도덕 규범으로 되돌아갈 것을 요구하는 사람도 있고, 교훈적인 도덕의 이름을 내세우며 강경한 억압책에 호소하는 사람들도 있다.

하지만 어떻게 억지로, 혹은 도덕 강의로 도덕적 위기에 의해 붕괴되어 가는 가정 속에서 잘못된 삶을 사는 청소년들을 '일으켜 세울' 수 있다고 생각할 수 있는가? 도덕이라는 현대적 변명은 그 되풀이되는 시도 및 협정과 더불어, 단순히 담론적인 덕을 통해 사회 문제를 해결하지 못하는 모종의 무능력함을 몰아내고자 하는 것은 아닐까?

도덕에 대한 진정한 성찰은, 기존의 규범에 한방 먹이는 것으로 만족하면서 스스로에 대해 지나치게 확신하는 도덕의 반대편에 존재할 수밖에 없다.

모럴리즘은 본질적으로 독선적인 것이다. 교훈을 주는 사람은 명령을 위한 명령을 하며, 의무와 소여(所與)를 혼동한다. 그의 행동 방식은 "이렇게 하시오" 식의 명령형이다. 그는 그 어떤 설명도 거부하고, 모든 질문(왜 그렇게 해야 하는 겁니까? 다른 방법은 안 됩니까? 같은)을 피한다. 도덕주의자들은 은밀하게 도덕적 질서를 열망한다. 그리고 이러한 도덕적 질서는 항상 최악의 상황을 몰고 온다. 왜냐하면 경직된 모든 것, 정면으로 반박해 오는 모든 것은 우리를 이해시키지 못하고, 역으로 증오와 악감정만을 유발시키기 때문이다.

계산기는 옆으로 밀어 놓자

도덕에 속하는 지식은 곱셈 도식표처럼 습득되는 것이 아니다.

도덕에 **대해** 말할 수는 있다. 하지만 도덕을 가르치는 것은 엄밀히 말해 불가능하다. 플라톤은 자기 식으로 덕이란 가르쳐서 되는 것이 아니라고 말했다. 진정한 도덕은 말이나 담론 따위가 아니다……. 덕에 대해 토론을 벌이는 것만으로는 결코 그 사람을 덕이 있는 인간으로 만들어 주지 못한다. (그건 누군들 못하겠는가!) 고대 철학자들은 이 점을 이미 예견하고 있었다. 아리스토텔레스는 정의로운 사람이 되는 것은 정의로운 행동의 실천을 통해서라고 갈파했다. 정의로움을 행하지 않는 사람은 결코 정의로움이 뭔지 알 수 없다는 것이다. 또한 그는 대부분의 사람들이 덕행을 실천하는 대신 "토론의 장에 몸을 숨기고서, 도덕적인 인간이 되기 위해서는 토론하는 것만으로 충분하다고 생각한다……"고 이야기한다. 실제로 우리는 갖가지 논법들로 무장하고, 무엇보다도 거짓말을 해서는 안 된다는 것을 다른 사람들에게 언제라도 증명해 보일 준비가 되어 있다. 하지만 우리는 매일같이 거짓말을 하며 살아간다. 왜냐하면 결국 의무에는 그것을 행해야 한다는 것 이외의——하지만 이건 매우 중요한 문제이다——다른 어려움은 없기 때문이다…….

도덕이 마치 학생이 계산을 위해 별생각 없이 계산기를 사용하는 것처럼 단순히 일종의 습관적 행동으로 존재한다면, 이것은 기계적 순응주의에 불과한 것이다. 주체에게 어떠어떠한 도덕적 가치의 합당성에 대해 개인적 판단을 내릴 수 있게 하는 의식적 자각 없이는 이 이름에 합당한 도덕적 행동은 없는 것이다. 성찰이 앞서지 않은 도덕적 삶이란 있을 수 없다.

그래서 도덕에 대한 성찰은 토론의 문을 여는 것과 마찬가지 행위이다. 이것은 망설임과 의심을 초래하고, 심지어는 도덕적 삶의 필요성에 대한 물음을 제기하기까지 한다. 이것은 바람직한 현상이다. 왜냐하면 도덕은 문제를 제기하기 마련이며, 이러한 도덕에 대한 성찰은 도덕을 넘어 철학으로 이어지기 때문이다.

카르페 디엠

플라톤의 저서 《고르기아스》에는 소크라테스가 고르기아스·폴로스·칼리클레스와 정의에 대해 논쟁을 벌이는 장면이 나온다. 문제의 쟁점은 부당하게 비난받는 도덕적인 인간에 대한 것이다. 그리고 정의로운 인간이 아님에도 불구하고 정의롭고 명예로운 인물로 추앙받는 사람에 대해서이다. 각자는 이렇게 말한다. 누가 가장 존재 가치가 있는 사람인가? 그리고 왜 그러한가? 사람은 어떻게 살아야 하는가? 올바른 삶이란 어떤 것인가? 소크라테스의 주장처럼 덕에 따라 살아야 하는가, 아니면 뻔뻔스러운 반대자들의 주장대로 자신의 모든 욕망을 충족시키면서 즉흥적 행복만을 추구할 것인가?

로마 속담에 카르페 디엠(carpe diem)이란 말이 있다. '현재를 즐기라'는 뜻이다. 다른 사람을 해치지 않고, 다만 절대적으로 자신만을 위해 사는 순수한 에고이스트들이 아무 거리낌 없이 자신의 대양처럼 드넓은 행복 한가운데에서 "내가 죽고 난 후 홍수가 난다 한들 어떠리"라고 외치는 것을 잘못이라 할 수 있을까? 왜 다른 사람들을 걱정해야 하는가? 인간의 영혼에 누르면 그 즉시 '친절'이나 '호의' 같은 이타적인 행동이 튀어나오는 버튼이 있지 않음을 아는 이상, 왜 그 사람이 자신의 성향과 본성에 머물러 있음에 대해 비난을 가하는가?

그 수가 적긴 하지만 천성적으로 타인을 위해 자신을 바치고, 거기에서 즐거움을 얻는 사람들도 있기는 하다. 이들의 행동은 논의할 여지없이 선하다. 하지만 이들의 그런 행동이 아무런 노력 없이 수행되는 바로 그 순간부터 진정한 도덕적 가치를 지니는 것일까? 진정 당신은 노력 없이 행복에 이를 수 있다고 믿는가?

가치의 충돌

도덕적 성찰이란, 어떤 문제에 대해 해결책을 얻기 이전에 먼저 문제를 인식하는 행위를 일컫는다. 도덕에 대해 성찰한다는 것은 시대에 따라 변하는 행위의 상대성을 확인하는 일이자 가치들을 식별하는 일이며, 현 상황에서 문제시되는 가치들의 충돌을 분석하는 것이다.

어떤 문화권 안에서는 부모들이 딸에게 할례를 자행하면서 아이들을 위해 '올바로 처신했다'고 생각한다. 하지만 인간의 평등을 주장하고, 어떤 종류의 신체 훼손도 금하는 우리 문화권에서 이런 행위는 결코 받아들여질 수 없는 것이다.

한편 늙은 부모에게 죽음을 맞이할 수 있도록 하는 행위를 연민 혹은 효심에서 비롯된 것으로 여기는 민족도 있다. 노인들을 늙고 병듦의 비참함에서 벗어나게 해주고, 그들에게 완전히 망가지지 않은 육체로 미래의 삶으로 들어갈 수 있는 권리를 주기 위해 산 채로 매장하는 것이다. 우리 사회에서는 최대 한도로 노인들의 삶을 연장시켜 주는 것이 의무인 반면에 말이다.

도덕 규범은 어디에서 비롯되는 것인가? 인간에게서?

도덕 규범은 어디에 그 근거를 두고 있는가? 전통인가? 자연 질서에 대한 믿음인가? 신인가?

단 하나의 유일한 도덕이 존재하는가, 아니면 여러 개의 도덕이 존재하는가? 다시 말해 도덕은 보편적 가치를 띤 것인가, 아니면 비트겐슈타인의 말처럼 단지 자신에게 주어진 공동체, 즉 '하나의 공유된 삶의 형태' 안에서만 가치가 있는 것인가?

생각을 진전시켜 아무 가치나 하나 선택해 보자. 언제나 하나의 가치에는 이에 상반되는 또 다른 가치가 있다는 점을 발견할 수 있을 것이다. 예를 들어 동정심은 정의와 충돌을 일으킬 수 있다. 어떤 여자가 임신을 하였는데 뱃속의 아이가 심각한, 거의 치료가 불가능한 병에 걸려 있다. 동정론에 입각한 사람은 치료를 중단하는 쪽을 옹호한다. 하지만 정의를 주장하는 사람은 개인간의 차별 철폐를 요구하며, 하나의 개인으로서 태아의 살 권리와 적절한 치료를 받을 권리를 내세울 것이다.

인간 생명에 대한 존중은 그 어떤 예외도 허용되지 않는 절대 명령이다. 하지만 사람들은 치료가 불가능하다고 판명된 환자에게 고통을 연장시키면서까지 안락사를 금지할 필요가 있는가에 대해 의구심을 갖는다. 마르탱 뒤 가르의 소설 《티보가(家)의 사람들》에서, 의사인 티보 박사는 모든 수단을 동원해서 환자의 삶을 연장시키는 것을 의사의 당연한 의무라고 생각하는 데 주저함이 없다. 그래서 그는 치료될 가망이 없어 보이는 병으로 고통받는 한 아이에게 익착같이 치료를 계속해 나간다. 하지만 얼마 후 그는 끔찍한 고통 속에서 무너져 가는 자기 아버지의 부름을 받는다. 연민에 휩싸인 그는 고통에서 해방시켜 주기 위해 간호사가 자리를 비운 틈을 타서 아버지에게 독약을 투여한다.

이러한 의무들 사이의 충돌 문제는 아주 오래 전부터 인식되어 왔다. 이 문제는 양자택일을 해야 하는 상황에 처한 젊은 처녀 안티고네가 등장하는 그리스 비극에서도 제기된다. 전통보다 국가의 법을 따르는 것이 옳은 일인가? 이런 상황에서 실제로 의식은 양 갈래로 분열된다. 주인공은 양립될 수 없는 두 의무 사이에서 갈등한다. 알다시피 안티고네는 독재자 크레온 왕의 명령을 어기고, 국가의 적이라 낙인찍혀 왕이 까마귀밥이 되도록 명한 오빠 폴리네이케스의 시체를 묻어 주는 쪽을 택한다. 그리고 왕의 명령에 불복종한 벌로 그녀는 목숨을 내놓아야 했다. 산 채로 매장당하는 형을 선고받은 그녀가 자유를 위해 할 수 있는 일이라고는 법을 어기고 오빠를 묻은 바로 그 장소에서 스스로 목을 매는 일이었다.

어리석은 짓은 그만두자

무엇보다도 도덕에 대한 성찰이 절대적으로 필요하다. 왜냐하면 인간성은 야수성과 달리 단순한 존재 양식이 아닌, 그 자체로 문젯덩어리이기 때문이다. 동물은 언제나 자신의 본성에 충실하다. 개는 언제나 개이고, 사자는 언제나 사자이다. 오직 인간만이 자신의 본성을, 혹은 그래야만 하는 본질을 배반한다. 오직 인간만이 비인간적인 면모를 드러낼 수 있다. 인간은 야수성을 넘어서는 그 이상의 행위를 함으로써 야수들의 명예를 훼손시키기까지 한다. 제2차 세계대전 때 행해진 일들——유태인 말살을 겨냥한 '최후의 해결책'——은 우리의 뇌리에 너무나 잔인하게 현재하고 있다.

살과 피로 이루어진 다른 사람들과 공유하는 삶이 없다면 사회적 삶은 존재하지 않는다. 다른 사람에게 무관심한 채 '어떤 것이 선인가?' '나는 어떻게 행동해야 하는가' 같은 질문을 결코 던지는 법 없이 진정 인간적인 삶을 영위할 수 있을까? 이러한 성찰이 오랜 세월에 걸쳐 조금씩 형성된 뿌리 깊은 우리의 인성을 바꿔 놓지는 않겠지만, 우리가 어떠어떠한 상황에 처했을 때 우리로 하여금 그 상황과 나 사이에 거리를 두고 바라볼 수 있도록 이끌어 줄 수는 있다.

다시 다른 사람의 고통에 무감한, 더 나아가 시니컬한 반응을 보이기까지 하는 의사의 예로 돌아가 보자. 의사는 진단 결과 환자가 죽을지도 모르는 매우 심각한 병에 걸렸다고 판정을 내린다. 의사는 자기의 성격대로 퉁명스럽게 메시지를 전달한다: "당신은 앞으로 6개월밖에 살지 못합니다⋯⋯." 하지만 그가 익힌 도덕적 성찰은 그에게 상식을 적용하도록 이끌어 줄 것이다. 동정이나 연민의 감정 때문이 아닐지라도 그는 환자에게 최소한의 충격을 주는 방향으로 진실을 전하도록 노력하거나, 혹은 환자가 강력하게 원할 경우에만 그 사실을 알려 줄 수 있다.

또 다른 의사의 경우를 가정해 보자. 이 의사는 합법적인 연민으로 가득 차 있는 사람이지만, 환자가 죽음을 내비치는 그 어떤 문구 하나도 참아낼 수 없을 거라는 근거 없는 믿음을 가지고 있다. 성격대로라면 이 의사는 당연히 환자에게 병의 심각성을 숨기려 할 것이다. 하지만 도덕적 성찰은 이 의사로 하여금 거짓말을 하는 것은 환자를 자유로운 의지를 지닌 한 사람의 개체로 여기지 않는 것이며, 그 사람의 의사를 무시하며 그에게서 결정권을 빼앗는 일이 된다는 것, 즉 그의 자유 의지를 박탈하는 것이라는 점을 일깨워 줄 것이다.

오직 도덕적 성찰만이 개인의 본능적 충동에 대해 객관적 판단을 할 수 있게 만들어 준다. 하지만 이것은 내면의 대화를 향해 가는 첫걸음에 지나지 않는다. 왜냐하면 어떤 것이 올바르고 어떤 경우에 자제해야 하는지를 아는 것이 선이라면, 스스로 선한 사람이 되고 타인과 더불어 그리고 타인을 위해 선행을 베풀며 사는 것이 더 중요한 일이기 때문이다.

2

양심! 양심!

고통스러운 것

"의무! 오, 나는 이 고약하고 끔찍한 단어가 주는 고통을 참을 수가 없다! 이 말은 얼마나 날카롭고 차가운가! 의무, 의무, 의무! 바늘에 찔리는 듯한 고통!" 노르웨이의 작가 입센은 그의 작품 《건축가 솔네스》에서 고통을 이렇게 표현하고 있다.

이것은 분명 하든 안하든 상관 없는 일과는 달리, 필연적으로 꼭 해야만 하는 일과 의무를 동일시하는 모든 이들이 공유하는 거부 반응이다. 의무가 '고통스러운 것'임은 사실이다. 그리고 철학자 알랭의 위트 넘치는 어구에 따르자면 "의무에는 그것을 행해야 한다는 것 이외의 다른 어려움은 전혀" 없다.

하지만 의무의 성격을 규정짓는 강제성이 필연성의 차원은 아니다. 많은 경우 필연적인 것으로서의 의무와 강제성을 띤 의무 사이에 혼동이 일어나는데, 그 이유는 '의무(devoir)'란 명사 단어가 동사로 쓰일 때에는 의무를 나타내는 '……해야 한다'와, 필연을 나타내는 '반드시 ……하게 되어 있다'라는 완전히 다른 이중적 의미를 담고 있기 때문이다. "모든 인간은 죽기 마련이다(Tout homme **doit** mourir)"라는 문장에서 쓰인 동사 'devoir'는 인간 조건에 내재된 필연성을 드러내고 있다. 여기에는 그 누구에게도 예외가 없는 자연 법칙이 존재한다. 반대로 "나는 내가 한 약속을 반드시 지켜야 한다(Je **dois** respecter la parole donnée)"에서의 동사 'devoir'는 의무를 표현하며, 최악의 상황에서는 내가 복종하지 않을 수도 있다는 의미를 함축한다.

사실 내가 자유 의지를 간직하고 있을 때만 의무는 존재한다. 이런 의미에서 볼 때 "나는 그 일을 해야 한다(Je dois faire)"라는 문장은, 필연적으로 내가 그 일을 안할 수도 있다는 의미를 내포하고 있다. 예를 들어 내가 완력에 의해 어떤 일에 굴복해야 한다면, 내가 의무 때문에 그것에 복종할 필요가 없다는 것은 명백한 일이다. 완력에 복종하는 것은 필연성에서 비롯된 행동이지 자발적 의지에 의해 행해진 행동이 아니며, 더 나아가서는 단순히 신중을 기하는 태도일 뿐이다. 어떤 측면에서 보더라도 이것은 의무가 될 수 없다. 도둑이 무기로 위협하면서 돈을 내놓으라고 명령할 때, 우리는 어쩔 수 없이 돈을 그에게 내주어야 한다. 하지만 우리에게 이 물리적인 제약에 대항할 힘이 있다면, 제정신을 가지고서야 일부러 도둑에게 돈을 내줄 마음이 들겠는가? 물론 아니다.

하지만 어떤 도덕적 의무 사항을 위반했을 때 우리는 후회의 감정을 갖는다. 이 후회의 감정이 하나의 제약 형태가 아닐까?

내면의 메아리

의무를 위반했을 때 필연적으로 뒤따라 나오는 후회의 감정과 마찬가지로, 책임을 느끼는 감정은 우리에게 도덕적 양심이 존재함을 증명해 준다. 우리는 다른 사람들의 행동을 심판하는 것과 마찬가지로 스스로의 행동도 심판한다. 양심은 우리로 히여금 책임 있는 존재가 되도록 한다. 도덕적 양심에 대한 성찰은 다음과 같은 중요한 문제 제기들로 표현될 수 있다: 우리는 올바르게 행동하기 위한 충분한 도덕적 원천을 가지고 있는가? 우리가 내리는 도덕적 판단은 합당한 것인가? 어떠어떠한 규칙에 어쩔 수 없이 따르기는 하지만, 그럴 때 자신이 올바르게 행동하고 있다고 확신하는가?

사회 생활은 사회 구성원의 대부분이 규율을 중시할 때에만, 그리고 구성원들이 사회의 보호를 중요하게 여길 때에만 가능해진다.

하지만 모든 사회에는 다수의 체제 순응자만이 있는 것이 아니라, 체제에 저항하는 사람들과 반역자들 역시 존재하기 마련이다. 처벌은 항상 위협적인 것이 되지 못하며, 법이 모든 것을 좌지우지할 수는 없다. 따라서 사회 규율이 성공할 수 있는 유일한 가능성은, 그 규율이 저항하는 사람에게 하나의 책임처럼 여겨지도록 하는 것이다. 달리 말하면, 사회적 강제력은 버리기 힘든 습관이나 개인적 충동 같은 내면적인 것으로 바뀔 때 더욱 강력한 힘을 가지게 된다. 그렇다면 도덕 의식은 사회적 의식에 지나지 않은 것일까? 어떤 경우 우리 내부에서 들려 오는 목소리는 사회적 규율의 내면적 메아리 그 이상도 그 이하도 아니다.

풍기 단속반

도덕 의식이 사회에서 비롯된 산물이라는 쪽을 옹호하는 철학자들이 있어 왔다. 홉스(1588-1679)에 의하면 한편으로 인간은 생물체로서 자신의 이기적인 이익과 관계된 것에만 관심을 갖는다고 하지만, 다른 한편으로 인간은 이성을 부여받은 존재로서 사회 평화에 이익이 되는 쪽을 계산할 수 있는 능력을 가진 존재이다. 거기로부터 인간은 서로 먹고 먹히는 전쟁이 벌어지는, 그 유명한 문구에 따르자면 '인간은 인간에게 한 마리의 늑대'로 존재하는 자연 상태를 떠나 사회적 삶에 접근한다. 인간은 사회적 평화를 보장해 주는, 하지만 자신의 길을 방해하는 것은 무엇이든 파괴하는 성서 속 괴물 레비야탄처럼 끔찍한 형태를 띤 절대적인 국가 권력에 전적으로 복종함으로써 그렇게 사회적 삶에 이르렀다. 이처럼 도덕 의식이 첫번째가 아니다. 이것은 우리의 행동 방향을 조절할 수 있는 타산적인 이성의 힘 안에서 뒤늦게 탄생한 것이다.

인간이 천성적으로 도덕적인 존재로 태어나는 것이 아니라고 보는 이러한 철학적 견해는 사회학적 접근을 통해 더욱 확실시되었다. 실제로 인간은 사회 속에서 살고 있고, 모든 사회에는 책임과 금기 같은 풍습과 관습이 존재한다. 이것은 레비 브륄(1857-1939)이 말한 것처럼 모든 시대 모든 장소를 통해 증명되고 있다.

하지만 여기에서 인간이 이성적 존재라는 특징과 결부된 일종의 특권에 따라, 인간 의식 속에 도덕적 차원에 대한 직관적인 인식이 깃들어 있다는 것에 동의한다 해도, 이 도덕성이 인간에 자연적으로 내재한 것이라고 말하는 것은 전혀 아니다. 도덕적 행동은 오히려 사회적 행동이다. 각 도덕은 사회 안에서의 다른 일련의 사건들에 의존하고 있다. 어떤 사회에서 도덕을 실천한다는 것은 종교적 믿음과 경제적·정치적 상태, 지적 수준, 기후·지형 조건, 즉 일련의 공존하는 사회적 현상의 총체와 필연적으로 연관되어 있다. 이처럼 사회 현실의 총체를 도덕 의식으로 귀결시키는 종교와는 관점을 달리하는 학문은, 개개의 도덕 의식은 그 의식이 일부를 이루는 사회적 현실의 총체라고 설명한다.

모든 것은 가치가 있다 / 가치 있는 것은 아무것도 없다

도덕 의식이 단지 개인이 사회 속에서 습득하고 발전시키는, 생각하고 느끼는 방식일 뿐이라는 것에 수긍하면, 시간과 장소에 따라 선과 악의 개념이 다양하게 나타날 수 있다는 것을 이해하게 된다. 하지만 이런 주장은 어떻게 한 개인이 처음에는 그에게 외부적이었던 규범들에게 강요당하는 느낌을 받을 수 있는지에 대해 설명해 주지 못한다. 그가 그 규범들을 개인적 판단을 통해 인정하고 승인하지 않았음에도 불구하고 말이다. 사회학자 에밀 뒤르켐처럼 인간에게 사회란 그가 복종하기를 받아들인 신성한 권력을 표상한다고 생각지 않는 한은. 혹은 정상적이라는 감정을 만들어 내면서 반복이나 습관이 이성의 대체물로서 공헌한다고 여기지 않는 한. **그것이 관례이다가, 그 것이 관례이어야 한다로 변해 간다.**

"그렇게 해야 한다. 왜냐하면 그렇게 해야 하기 때문이다." 도 덕 의식은 훈련의 결과일 것이다. 어머니가 아이에게 청결에 대 해 가르치면서 위생학적 논리나 위생학의 합당성에 대해 설명 하지는 않는다. 대신 어머니에게 어떤 경우에 칭찬을 받고, 어 떤 경우에 야단을 맞는지를 통해 아이는 어떻게 행동해야 할지 를 스스로 깨닫게 된다. 잘못을 했을 때 아이가 받는 벌이나 창 피감은 후에 그가 학교에서 거짓말이나 부정 행위를 하다 들켰 을 때 느낄 감정과 같은 종류가 아닐까?

하지만 도덕 의식이 사회적 압력이나 습관의 산물이라고 단 언하는 것은, 도덕을 기성 가치라면 무조건적으로 수용하는 순 응주의적 성향과 혼동하는 것이다. 어린 시절 실수로 물건을 망 가뜨리거나 유리잔이나 꽃병 등을 깨뜨릴 때마다 엄한 벌을 받 았다고 가정해 보자. 성인이 된 후 실수에서 비롯된 행위를 도 덕적 잘못으로 여길 것인가, 아니면 받아 온 교육적 압력에서 충분히 독립성을 획득한 내 의식은 이러한 나의 행위에 비도덕 적인 것은 전혀 없으며, 내가 해야 할 유일한 도덕적 의무는 내가 훼손한 물건의 주인에게 보상을 해주는 것뿐이라고 생각할 것인가? 기계적인 순응주의는 사회에 이익이 될 수는 있지만 결코 순수한 의미의 도덕이라고는 볼 수 없다. 도덕의 역사는 오늘날 강하게 비난받는 행동들이 과거에는 대다수의 사람들에 의해 전적으로 '좋은 의식(양심)'으로 여겨졌다는 것을 보여 준다. 18세기 프랑스에서는 주인의 식기를 훔쳤다는 이유만으로 하녀들을 교수형에 처할 수 있었다. 또 어린이들의 노동력 착취나 어린 범죄자들에게 가해진 그토록 가혹한 형벌이란!

도덕 의식이 사회 의식에 지나지 않는 것이라면, 나는 나를 도덕적으로 행동하게 해주는 근원들을 가지고 있지 않다. 도덕적이라는 것은 의무의 합당성에 대해 개인적인 판단을 내릴 수 있음을 의미한다. 이러한 판단은 최상의 경우 의무에 유리하게 작용할 수 있고, 또 의무를 더욱 공고히 할 수도 있다.

마지막으로, 그리고 특히 도덕 의식을 단순히 문화적 현상으로 취급하는 것은 모든 도덕이 가치를 지니고 있으며, 또 그 가치들간에는 서열이 없다고 주장하는 데 이르게 된다. 도덕은 없고, 단순히 사회적 풍속과 관습만이 있을 뿐이라고 주장하는 또 다른 방식이다. 아프리카의 몇몇 부족들은 어린 소녀의 클리토리스를 절단하는 것을 야만적인 행위라고 여기지 않는다. 또 다른 예로 미국의 여러 주에서는 사형 제도를 사회에 의해 자행되는 살인 행위에 다름 아니라고 보며 사형 제도를 야만적인 행위로 규정짓고 있다. 모든 행위가 나름의 가치를 지니고 있다고 보는 것은, 아무것도 가치가 없다고 생각하는 태도나 매한가지이다. 하지만 일부 아프리카 여성들은 할례 의식에 반대하는 투쟁을 벌이고 있으며, 미국에서는 사형 제도에 반대하는 목소리가 거세게 일고 있다.

이렇듯 자신이 속한 사회에 고유한 문화적인 코드에 반발할 수 있는 사람들이 거의 모든 시대, 모든 장소에 존재하는 것이다.

마음인가, 아니면 법인가?

인간에게는 어떤 행동이 옳은지 그른지 느낄 수 있는 직관적인 인식 능력이 없는 것일까? 관습에, 교육에, 모든 형태의 도덕적 경험에 선행하는 도덕 개념은 존재하지 않는가?

루소(1712-1778) 같은 철학자는 성선설을 주장했다. 분명 인간은 정념과 이성의 감정을 동시에 가지고 있는 복잡한 존재이다. 하지만 도덕과 관계될 때 정념과 이성은 차례로 거부된다. 정념은 욕구와 관능의 차원이다. 이성은 그 미묘한 특징으로 인해 많은 경우 궤변이나 오류에 빠지기 쉽다.

오직 마음의 차원인 감정만이 분명한 메시지를 전달해 준다. 알프스 산맥의 아름다운 일출 장면 속에서 자신의 '신앙 고백'을 하는 사부아 지방 신부(루소의 저서 《사부아 지방 보좌신부의 신앙 고백》에 등장하는 주인공)의 입을 통해, 루소는 양심을 우리 안에 존재하는 정의와 덕이라는 내재된 법칙과 동일시한다. 우리에게 나와 타인의 행동이 옳고 그른지 판단할 수 있도록 해주는 양심 말이다. "나는 내가 하고 싶은 일만 생각할 수밖에 없다. 내가 옳다고 느끼는 모든 일은 옳다. 내가 옳지 않다고 느끼는 모든 일은 옳지 않다"라고 이 순박한 사람은 말하고 있다.

인간이 천성적으로 선하다고 보는 이러한 낙관적인 생각을 우리는 칸트의 철학에서도 발견할 수 있다. 하지만 칸트는 루소와는 달리 이 선함이 감정적 차원이 아니라 이성적 차원이라고 단언한다. 그는 이러한 주장을 다음과 같은 낭만적인 어조로 표현하고 있다. "두 가지 것이 나의 영혼을 새삼스러운 감탄과 점점 커져 가는 경외심으로 가득 채운다. 그것은 별빛으로 빛나는 내 머리 위의 하늘과 내 안의 도덕 규범이다." 이러한 도덕적 규범 덕분에 아무리 단순한 사람이라도 상식을 가진 인간이라면 어떤 교리에 의존할 필요 없이 옳고 명예로운, 더 나아가 현명하고 고결한 사람이 되기 위해 어떻게 해야 하는지 알고 있다. 도덕 의식은 옳은 일과 그른 일을 구별하기 위해, 그리고 의무에 합당한 일과 그렇지 않은 일을 구별하기 위해 전적인 권한을 행사한다.

칸트(1724-1804)는 저서 《도덕형이상학 기초》에서 다음과 같은 전례를 제시하고 있다. 나는 지키지 않을 의도를 가지고 약속을 할 수 있는가? 이 거짓 약속이 의무에 합당한 것인지 알아보기 위해서는 스스로에게 이렇게 물어보는 것만으로 충분하다: "나는 이 행동 방침(난처한 상황을 벗어나기 위한 '거짓 약속')을 보편적 규범으로서 유효하다고 받아들일 것인가? 단번에 나는 어떤 주어진 상황에서, 나 자신을 위해 거짓말을 원할 수 있다. 하지만 그 어떤 경우에도 나는 나뿐 아니라 다른 모든 사람에게도 유효한, 모든 사람에게 거짓말할 것을 명령하는 보편 규범을 원할 수 없다⋯⋯. 진정으로 모든 사람에게 유효한 법(거짓말하지 말 것, 사실을 말할 것)을 위해 이성은 나를 순간의 중시에서 벗어나게 한다.

그것이 감정에서 기인한 것이든 이성에서 기인한 것이든 모든 인간에게 선한 마음이 내재되어 있다는 확신은 도덕 의식의 의무적 성격을 설명하도록 해준다. 내가 나의 도덕 의식의 영향력을 인정한다는 것은, 내가 그에 따르면서 나 자신과 일치하는 삶을 사는 것이 되기 때문이다.

따라서 도덕 의식은 감정의 약진이다. 도덕 의식은 나에게 내 존재의 완성을 목표로 하게 만드는 그 역동성이다. 그래서 내가 나의 양심에 귀 기울이지 않을 때, 내가 나의 양심에 불복종할 때, 나는 나의 진정한 천성을 거스르고 있는 것이다. 여기에서 후회의 감정이 생겨난다. 이 후회의 감정은 양심의 영향력을 자인하는 또 하나의 방식이다.

내면의 목소리

도덕 의식은 다른 모든 의식과 마찬가지로 이중적이다. 전통 철학에서는 이러한 자기 자신과의 대화를 표현하기 위한 것으로 종종 내면의 목소리라는 비유가 사용되었다. 장 자크 루소는 영혼의 목소리는 육체의 법——본능에 의해 행동하는 기질——에 대항할 때 샘솟는다고 말한다. 따라서 육체와 관능의 환상에서부터 해방된다는 것은 양심의 목소리에 힘을 되돌려

주는 것이다: "양심은 영혼의 목소리이며, 정념은 육체의 목소리이다. 이 두 언어가 서로 모순된다는 것이 뭐 놀라운 일이겠는가?" 여기에서 루소의 외침이 비롯된다: "양심! 양심! 성스러운 본능, 불멸하는 천상의 목소리, 무지하고 유한한 존재임을, 하지만 지적이고 자유로운 존재임을 확신하는 안내자."

　그의 외침은 다음과 같은 절규로까지 이어진다: "감춰진 죄를 은밀히 단죄하는, 그럼으로써 그 죄를 더욱 확연하게 드러내는 후회의 외침! 오, 우리 중 이 성스런 목소리를 한 번이라도 들어 보지 않은 사람이 있던가?" 이처럼 루소에게 있어 양심의 가책이란 영혼과 육체, 이성과 본능의 충돌의 결과물이다. 그리고 의식적인 모든 선행은 정열의 차원이 아니라 이성의 차원에서 비롯된다.

　도덕 의식은 또한 칸트 철학에서도 그 목소리를, '극악무도한 범죄자조차도 떨게 만들 수 있을 만한' 무시무시한 목소리를 낸다. 칸트 철학은 양심이 단순히 내면에 잠재한 자아의 분열체가 아님을 보여 준다. 양심은 내면의 법정, 즉 인간이 단숨에 피고의 자세를 취하게 되는 이 '이성의 법정'에서 화려하게 펼쳐진다. 사실 모든 인간은 자신 안에 자기 자신을 위해 말할 줄 아는 변호인을 지니고 있다. 자신을 보호하면서 이 변호인은 자기 고객의 모든 불법적인 행동을 '필요의 격류에 의해' 이끌어진 것처럼 합리화한다. 하지만 인간의 내면에는 심판관, 자기 자신을 단죄하는 내면의 목소리 역시 깃들어 있다. 자신의 잘못을 잘못된 습관에서 비롯된 자연스러운 결과라고 변명해 봐야 아무 소용 없다. 어쨌든 인간은 이 내면의 목소리가 자신에게 가하는 비난에서부터 안전하게 비켜서 있을 수가 없는 것이다. 인간이 처한 이중적 상황——감각 세계 안에서는 **한정적인 존재**이고, 지적 세계 안에서는 **자유로운 존재**——을 반영하는 도덕 의식의 이중적 상황이란!

모든 재판이 불변하는 확고부동한 전개 과정을 가지고 있는 만큼 그 어떤 선고도 법을 근거로 하지 않고서는 내려질 수 없다. 그리고 칸트에 따르면, 우리 안에 존재하는 도덕법을 즉각적으로 인식케 하는 것이 바로 이 양심이 행하는 기능이다. 인간의 의식을, 때로는 죄책감을 부여할 정도까지 가득 채우는 이 도덕법 덕분으로 인간은 결정론에 종속된 단순한 동물적 존재로 머물지 않고 지성을 가진 자유로운 존재가 될 수 있는 것이다. 이처럼 도덕법의 위반에서 비롯된 정신적 증후군인 죄책감은 유익한 면을 지니고 있다.

거짓말을 하거나 남을 속이는 행동은 나의 자연스러운 본능에 복종한 것이다. 뒤따라 생기는 후회의 감정은 비록 우롱당하긴 했지만 도덕법이 존재한다는 것을 증명해 준다. 또 후회의 감정은 자유 의지라는 것이 감각적 성향에 복종하는 의지가 아님을 깨닫게 해준다. 자유 의지란 오히려 도덕법에 복종하고자 하는 의지, 구속받지 않는 자발성을 원하는 의지, 즉 모든 구속을 초월하여 자신의 '자율성' 안에서 도덕법을 원하는 의지를 말한다.

십자가에 못 박힌 신, 혹은 웃음짓는 아이

하지만 진정 죄책감이 진실한 양심의 표시인가? 오히려 죄책감은 의식의 올바르지 못함을 나타내는 표시가 아닐까? 어떻게 스스로를 단죄하며 부끄러움과 후회로 번민하는 의식을 유익한 것이라 할 수 있을까? 죄책감은 위험천만한 죄악이거나, 혹은 인간이 갖가지 종류의 강제적인 구속에 의해 평화가 유지되는 사회 속에서 살게 되면서부터 앓게 된 병이 아닐까? 물론 사회는 평화로운 삶을 추구한다. 하지만 대가를 치르고 얻은 이 평화는 인간을 너무 나약하게 만드는 게 아닐까?

칸트와는 반대로 가치 전복의 신봉자인 니체(1844-1900)는, 동물에게 잠재된 공격성이 인간에게는 죄의식의 형태로 나타난다고 지적했다. 밖으로 에너지를 발산하지 못한 본능은 내부로 방향을 돌린다. 본능적인 공격성을 부정해야만 하는 인간은 자기 자신에 악착같이 집착한다. 우리가 흔히 '영혼'이나 정신이라 지칭하는 것은 바로 이러한 인간 내부로의 투사(내향성)와 더불어 발전되었다는 것이다.

본능의 억압에서 탄생된 의식은 나쁜 것일 수밖에 없다. "원한, 잔인성, 남을 학대하고자 하는 욕구, 공격 욕구, 변태, 파괴 욕구 등등 이 모든 것은 이러한 본능을 가지고 있는 인간들을 그 욕구와 반대 방향으로 향하게 한다. 죄책감의 근원은 바로 여기에 있다." 그리스도교는 본질적으로 죄의식의 감정인 이 양심의 가책을 예찬했다. 십자가에 못 박힌 신은 고통받는 모든 것은 신성하다는 것을 의미하는 게 아닌가? 여기에서부터 위선, 기만, 다시 말해 죄의식이라는 '양심'이 비롯된다. 이처럼 인간은 인간이라는 병을 앓고 있다. 왜냐하면 죄의식을 느낀다는 것은 곧 삶을 부정하는 것을 뜻하기 때문이다.

어떻게 하면 야만으로 되돌아가지 않으면서 문명을 치료할 수 있을까? 니체는 죄의식과, 미소짓는 어린아이처럼 아직 죄의식을 내면화하지 않은 인간의 순수함을 대비시키고 있다. 아직 죄의식을 내면화하지 않은 어린아이는 삶에, 생명 창조의 움직임에 긍정적인 반응을 나타낸다. 유성을 생성시키기 위해서는 자기 안에 카오스를 품고 있어야 한다. 의식을 잊고, 이를 초월하기 위해 자유와 창조·순수를 사랑해야 한다. 인간은 초인간을 향해 가는 다리일 뿐인 것이다.

한편 프로이트(1856-1939)는 저서 《문명과 이에 대한 불만들》에서, 문명이 그에 대한 충족을 금한 성적 충동이나 공격적 충동은 억압·죄의식·불안, 즉 한 마디로 신경증을 유발하면서 주체에게로 되돌아온다고 말하고 있다. 프로이트는 부모와 사회가 금지한 것들의 내면화를 통해 **초자아**가 자리를 잡는다고 보았다. 이 초자아가 바로 우리가 도덕 의식이라 칭하는 것이다. 초자아가 너무 강할 경우, 상상의 범죄(이를테면 근친상간 욕구, 혹은 무의식적인 부친 살해 욕구)와 연관된 무의식적인 죄의식 감정과 이에 따른 처벌에의 욕구가 생긴다. 심지어는 이러한 죄의식 감정으로 인해 진짜 범죄자가 될 수도 있다. 진짜 범죄를 저지름으로써 자신의 상상 속의 범죄를 속죄하고 처벌받고 싶은 욕구를 충족시키고자 하는 것이다. 따라서 역설적이게도 죄책감이 범죄의 근원이 될 수가 있다.

이처럼 유익함과는 거리가 먼 죄의식은, 인간의 정신적 유산과 양립될 수 없는 행동을 요구하는 사회 속에서 행복한 존재가 될 수 없는 우리 인간의 무력함의 결과로 이해될 수 있다.

이것이 원시적 순수성에 머무르면서 우리의 모든 욕망을 만족시켜야 함을 의미하는 것일까? 그건 아니다. 프로이트가 강조하듯이 불만족이야말로 유일한 교육적 조처이다. 정신분석 치료의 목적은 초자아를 제거하는 것이 아니라 초자아를 누그러뜨리는 데 있다. 병적인 억압을 풀어 주체가 자신의 욕망을 인식할 수 있도록 해주는 것이다. 그럼으로써 그 주체는 어떤 욕망은 수용할 수 있게 되고, 부도덕적이라고 판단한 욕망은 충만한 의식으로 이겨낼 수 있게 되는 것이다.

자아의 창조

자아에게로 돌려진 공격성, 처벌받고 싶은 욕망, 이 모든 것은 피학대음란증 계열로 분류될 수 있고, 또 결국 이것들은 과장되고 변질된 죄책감을 나타낸다. 하지만 나쁜 짓(상상이 아닌 실재)에 대해 느끼는 죄책감은, 만일 이 감정이 진실하고 허영심에서 비롯된 자기 만족이 아니라면, 후회가 아니라 회개를 동반한 것이라면 바람직한 것이 아닐까? 진정한 죄책감은 '넌 다르게 행동했어야 했어'가 아니라 '너는 다른 인간이 되어야 해'를 의미한다. 회개한다는 것은 자신의 과거에서부터 자유로워지는 것이다. 독일의 철학자 막스 셸러(1874-1928)는 《고통의 의미》라는 책에서 새로운 자아를 '탄생시키는' 회개의 '힘'을 상기시키고 있다. 더 많이 회개할수록 단순한 어떤 '행동에 대한 회개'는 '존재에 대한' 회개로 변화되어 갈 것이고, 또 인정한 잘못을 그 근원까지 속속들이 알게 해줌으로써 자아로부터 그 잘못을 뿌리째 도려내 주고, 선행을 행할 자유를 돌려 준다. 회개는 어떤 특정 행동에 대해 느꼈던 고통으로부터, 더 많은 확신과 더불어 우리를 그 완전한 '사랑에의 기여'의 길로 인도해 줄 것이고, 회개 안에 내재되어 있는, 그런 마음을 탄생시키는 힘은 '우리에게 사랑과 새로운 자아를 형성할 수 있도록 해줄 것이다.' 진정한 회개란 자아를 통한 새로운 자아의 창조임을 깨달아야 한다.

도덕 의식의 불충분성

하지만 신성한 본능이나 도덕 규범처럼 내재적인 도덕 의식에 의지하는 것만으로는 인간 행동의 방향을 결정짓고 영향을 미치는 확고한 가치 체계를 설립하기에 충분치 않다.

인간 역사 속에서 가장 다양하고 때로는 서로 모순되기조차한 행동들은 도덕 의식에 근거하여 정당함을 증명하고자 했다. 자신이 처한 환경 속에서 도덕적으로 저항할 수 있는 사람은 매우 드물다. 우리 각자의 마음속에 원초적으로 선함이 내재되어 있다고 하더라도, 우리 양심의 목소리는 종종 우리 행동에 영향을 미치는 온갖 종류의 욕망에 의해 침묵으로 환원된다.

　개인적 의식을 넘어서, 통제받지 않는 자유로운 의식들이 그들 사이에서 일치점을 찾도록 해주는 이성이 있다. 무엇보다도 폭력에 대한 담론의 승리인 이 이성은 신화와 신비에서 출발하여 민주 사회의 요구에 적합한 형태로 발전하였다……. 이 이성은 긍정적인 방식으로 행동하고 사고할 수 있도록 해준다. 이것은 올바른 규칙을 만들어 낼 수 있다. 인간의 야성적 자유를 제한하기 위해 법과 긍정적이고 정당한 규범 없이는, 모든 인간에게 공평한 보편법에 대한 긍정 없이는 진정한 도덕 의식의 깨우침은 불가능하다.

　따라서 법은 도덕적 삶을 가능케 해주는 수단이자 조건이 아닌가?

3

법이 멈추는 곳

계 약

어느 사회에서나 법률은 그의 사회 구성원들에게 일정 한도의 권리를 인정한다. 이 권리는 모든 개인이 합법적으로 요구할 수 있는 것이고, 이러한 권리의 행사는 법전에 명시되어 있다.

개인이 그가 속해 있는 국가가 인정한 권리를 가지고 있다면, 그에게는 역시 의무도 부과된다. 노동자는 노동법을 존중해야 한다. 기차표를 살 때, 나는 SNCF〔프랑스 국유철도〕의 법규에 따라야 한다. 시민 연대 조약에 서명하거나 결혼할 때, 혹은 국가가 행사하는 어떠어떠한 직능에 따를 때, 나는 법이 내게 요구하는 체제 속에 들어 있는 것이다. 오귀스트 콩트(1798-1857)는 심지어 인간이 **권리**를 가지고 있다는 생각은 부조리하고 비도덕적이라고까지 하였다. 개인의 권리는 각자가 법적 의무를 완수했을 때 비롯되는 결과일 뿐이라는 것이다.

법은 적용되기 위해 만들어진 것으로, 이를 준수할 규약이 동반되지 않는다면 한낱 환상에 지나지 않는 것이다. 개인이 그를 사회 집단에 연결시켜 주는——내재적 혹은 외재적——계

약(예를 들어 살인이나 절도 금지)을 이행하지 않는다면, 그는 그에 합당한 처벌을 받을 수 있다. 따라서 실정법은 처벌법, 절대적 강제성을 띤 권한 없이는 스스로의 효력을 상실하는 법을 바탕으로 한다.

하지만 단순히 법을 준수하는 것만으로 평화로운 사회적 삶이 충족된다면 도덕이 굳이 왜 필요하단 말인가? 도덕 대신에 법이 인류를 치유할 수는 없을까?

법과 도덕, 어느쪽이 더 너그러운가

사람들은 법을 도덕의 사회적 표현으로, 혹은 도덕을 법적 요구의 표명으로 여기는 경향이 있다. 법과 도덕을 분명하게 구별지을 필요가 있다.

때로는 법이 도덕보다 너그럽다. 법은 비도덕적인 행동을 허용하기 때문이다. 1789년의 프랑스 혁명법과 시민법은 개인 소유의 재산을 자기 마음대로 사용할 권리를 허용하였다. 개인 소유는 법적 권리를 가진 자에게 마음 내키는 대로 자신의 소유물을 사용할 특권을 부여하는 무제한의 권리였다. 그래서 소유주는 그의 권리를 타인을 해치는 데 사용했을 때에도 면제 특권을 받았다. 오직 도덕만이 이 멋대로의 권리를 제한할 수 있었다. 하지만 오늘날에는 여러 규약이 소유자의 권리를 제한한다. 예를 들어 나는 단지 내 이웃의 시야를 방해할 목적으로 내 집 지붕 위에 가짜 굴뚝을 세울 권리를 가지지 못한다. 소유에는 의무가 따르는 법이다. 하지만 일정한 제약 속에서 내가 나의 소유물을 마음대로 사용할 수 있음은 틀림없는 사실이다. 하지만 여기에서도 도덕은 내가 가진 것을 타인에게 나누어 줄 것을, 더 나아가 아무 보상 없이 내줄 것을 요구한다.

때로는 도덕이 법보다 더 너그럽다. 도덕은 법이 금지하는 행동을 허용한다. 예를 들어 내가 보기에 부당하게 불법 이민자로 낙인찍힌 이주민을 신고하지 않고 내 집에 맞아들이는 행동 등이 그 예이다.

무도회의 초대

하지만 이러한 수사학적인 평형이(때로는 도덕이 더 광범위하고, 때로는 법이 도덕보다 광범위하다는) 도덕과 법의 진정한 관계를 설명해 줄 수는 없다. 사실 법은 도덕과 관련하여 아무것도 요구하지 않는 반면, 도덕은 법에 관련하여 '요구'를 분명하게 표명한다.

첫째, 한 개인이 체제 혹은 또 다른 개인과 맺는 관계는 법 규정에 따라 이루어져야 한다는 것은(그 법 규정이 정당하다는 것을 전제로 할 때) 도덕상의 명목이다. 법이 도덕을 향해 도덕은 어떠해야 한다고 말하는 것이 아니며, **타인을 향한 법적 움직임** 속에서 타인에 대한 법의 준수를 요구하는 것은 바로 도덕이다.

둘째, 이번에는 **법을 향한 타인의 움직임** 속에서 법이 있는 그대로 존중되어야 함을 요구하는 것은 도덕이다. 따라서 도덕이 법의 합법성을 보장해 준다. 이 두 표명은 스스로에게서 그 근거 토대를 찾을 수 없는 법에 대해 도덕이 논의의 여지없이 우월하다는 것을 분명히 한다.

셋째, 법의 개입이 불가능한 경우에는 도덕이 그 요구를 표명한다. 법의 영역이 끝나는 곳에서 도덕의 한정 영역이 확장된다. 어떤 의무를 존중하지 않았을 때, 이것이 개인의 자유 의지와 다른 사람들의 자유 의지의 공존을 불가능하게 만드는 경우에만 그것은 법적 의무에 속한다. 점심 식사 초대나 무도회에서 같이 춤추기로 한 약속 따위는 법적 가치를 지니지 않는다. 그리고 이것은 단지 집주인이나 춤 신청자가 약속을 어길 의도가 없었다고 해서만은 아니다. 법은 오직 사회적으로 중요한 이해 관계에만 관여한다. 그런데 우리는 타인에 대한 의무에 관련하여 오직 법적 의무와만 만나는 것이 아니라, 자신이 한 약속에 대한 준수(비록 그것이 단순한 식사 초대나 순수한 의미를 띤 무도회에의 초대라 할지라도)나 친절·연민·감사와 같은 도덕적 의무와도 만난다.

따라서 그것이 타인의 입장에서, 그리고 자기 자신을 위해 인정하는 것이든 아니면 이것이 보다 넓은 적용 영역을 가지고 있어서이든간에 도덕이 법보다 우월하다.

그 이상이 필요하다

어떤 행동이 도덕적 가치를 지니기 위해서는 그 행동이 옳은지 옳지 않은지, 바른 행동인지 나쁜 행동인지에 대한 행동 주체의 판단 능력이 필요하다. 따라서 소위 말하는 어린아이의 **순진무구함**이 도덕적이라고는 할 수 없다. 어린아이가 그다지 다양한 나쁜 행동을 **하지 않는** 것은 아직 아이가 그런 다양한 행위들에 접해 보지 못했기 때문이며, 그러한 행동들을 야기하는 관계가 아직 전혀 형성되어 있지 않기 때문이다. 어린아이가 나쁜 행동을 하지 않는다는 사실은 아무런 도덕적 가치를 지니지 않는다.

또한 양심의 가책을 느끼지 않기 위해 법을 준수하는 것만으로는 충분치 않다. 법에는 제약이 따른다. 법을 어겼을 때에는 처벌이 따른다. 하지만 결코 법은 강요하지 않는다. 달리 말해, 도덕은 개인에게 도덕적으로 행동할 것을 요구하지 않는다. 사실 권리 소유자가 자발적으로 스스로의 의무를 인정할 필요는 없다. 그는 어떤 동기에서, 특히 경찰이나 처벌이 무서워서 의무를 이행하는 것일 수 있다.

윤리 영역과 법의 영역이 다르다는 것은 자명하다. 결코 법이 의무의 자리를 대신할 수는 없다.

합치면 힘이 된다

따라서 법에 대한 도덕의 우위를 주장할 수 있다. 하지만 그래도 역시 법 제정을 통해서만이 인간의 방종에 규제를 가할 수 있고, 그럼으로써 도덕의 세계에 들어가는 것을 용이케 한다는 것은 틀림없다. 법 규정이 공정하다는 조건에서 말이다. 법적이라고 해서 항상 공정한 것은 아니기 때문에.

나치 치하의 인종차별법은 합법적으로 제정된 것이지만 분명 옳지 못한 것이었다. 각 개인에게 다른 모든 사람들의 자유와 양립 가능한 자유를 최대한까지 부여하는 권리만이 도덕적으로 정당하다. 오직 규제와 제약만을 근거로 하는 부당한 법은 머지 않아 국민의 손에 의해 폐지되기 마련이다. 정의나 혹은 시민법의 도덕적 힘이 법적 효력을 실질적인 것으로 만들어 준다.

프랑스 혁명의 유산인 시민법은 공장주와 노동자간에 상반된 자유를 부여했다. 그리고 그 당시의 형법은 노동자의 단결과 단합을 금지했다. 실제로 이러한 법률은 공장주의 권리 남용을 허용해 주었다. 산업이 대대적으로 발전하면서 이러한 금지법에도 불구하고 자연적으로 노동자 그룹과 영구 노동자 조합이 결성되었다. 1864년에 단결위반법이 폐지되었고, 그 뒤로 정확히 20년 후에는 조합 결성의 자유가 법으로 명시되었다. 이렇게 해서 노동자들은 스스로를 방어할 합법적 기반을 마련하게 되었다. 여기에 산업 재해에 대한 책임, 노동 시간의 점진적 단축, 격주 휴무제, 최저임금제, 휴가 기간 등등 노동 계약에 입법부가 개입하게 된다. 소유주의 자유와 노동자의 자유를 조정하고 중재하는 많은 법들이 제정되었다.

법의 적용도 마찬가지이다. 프랑스 혁명은 "모든 권리 주체가 법 앞에 동등하다"는 추상적인 평등주의를 공표했다. 이 법에 따르면 배고픔 때문에 빵 한 조각을 훔친 사람도 무거운 벌을 받게 될 수 있었다. 이것은 사회적 불평등을 무시한 법이었다. 완고했던 형법은 형평성의 정신에 입각해 점차 완화되었다. 형평성이란 맹목적으로 법에 따르지 않고 특수 상황을 감안한다는 것을 의미한다. 공평성이란 법의 빈자리를 메울 수 있는 정의로운 정신이다. 이런 형태하에서 공평성은 형법의 보편적 진술과 특수한 심판의 만남을 가능케 하면서 법 예술의 길을 열어 준다. 진정한 정의는 단순히 합법성 여부로 축소되지 않고 무엇이 옳은가에 대한 현실적인 지혜와 최선의 공정한 해결책을 찾아낼 수 있어야 하며, 일반법을 특수한 상황과 유동성 있게 조화시킬 수 있는 통찰력을 필요로 한다.

투쟁을 통한 쟁취 과정을 거치면서, 그리고 공공 의식 혹은 도덕 의식의 진보와 더불어 법은 점차 좀더 공정하고 좀더 정의로운 방향으로 확장되어 나간다. 역으로 보다 공정한 법 체제와 보다 평화로운 공공의 공간은 도덕성의 고양을 가능케 해 준다. 이 모든 것은 정치 영역에 속하며, 결국 이것은 새로운 법을 만들고, 적용하고, 또 끊임없이 자가 제정될 수 있는 민주 사회 안에서만이 가능하다. 하지만 그렇다고 해서 정치와 도덕을 결합시킬 필요가 있을까? 따라서 국민의 도덕적 교화나 행복을 보장해 주는 일은 통치자나 정치인의 몫이 아니다. 이들은 각 개인의 도덕적 성장과 행복 추구를 용이하게 하는 조건을 만들어 낼 뿐이다. 그렇다면 도덕과 행복 사이에 모순은 없는가?

4

약간의 정치

모두 함께

전쟁, 학살, 시체 더미들, 멈출 줄 모르는 인간 사냥, 이보다 더 끔찍한 것은 살인자들이 살인을 자행하면서 느끼는 불온한 쾌감, 희생자가 겪는 고통 앞에서 느끼는 황홀감이다. 인간은 처벌의 공포만 사라지면 악행에서 쾌락을 얻는다.

하지만 그것은 인간이 정치가 허용하는 악행을 저지를 능력을 가지고 있기 때문이다. 문제는 도덕적으로 선량하지 않은 사람에게조차도 사회 안에서는 선량한 시민이 될 것을 강요한다는 점이다. 그 사람이 도덕적으로 선량한 사람이 아님에도 불구하고 말이다. 도덕성에서부터 선량한 정치 체제를 기대하는 대신, 거꾸로 선량한 정치 체제로부터 훌륭한 시민 교육을 기대해야 한다. 정치의 도덕적 가치는 정치가 확립한 시민의 자유에서 비롯된다. 이것은 권리와 의무에 대해 정의 내리면서 인본주의에의 접근을 용이하게 해준다. 정치는 모두의 안정과 자유·번영을 위해 개인적 방종과 에고이즘을 보류하도록 이끌면서 개인의 사적인 집착을 단념시킨다. 그럼으로써 정치는 도덕적 행동이, 더 나아가 고결한 삶들이 펼쳐질 수 있는 공공의 공간을 만들어 나간다.

정치는 개인에게 시민으로서의 목표 의식을 가지도록 선도하고, 이들에게 개인 차원의 욕망을 초월한 동기를 부여한다. 하지만 정치는 종종 지나친 욕망을 불러일으키고, 때로는 부도덕한 행위를 조장하기도 한다. 일례로 선거 부정을 들 수 있다. 모든 형태의 정치 권력이 그 목적을 도덕적인 선의 실행에 두는 것은 아니다. 정당의 부정 선거 자금이나 공공 기금 유용과 같은 부패와 불의를 피하기 위해서는 견제만으로는 충분치 않다……. 심지어 민주 정치 체제하에서도 정치적 야심을 가진 선동 정치가가 나타나 민중의 두려움과 무지를 악용하여 도덕과 대립되는 타결책을 제안할 수 있고(사형 제도 폐지 부활 같은), 또 시민측에서는 자신들의 자유를 오직 개인적인 목적 충족을 위해서만 남용할 우려가 있다.

너희에게 말하노니

사실 정치와 도덕은 결정이나 책임과 똑같은 단계에 위치해 있는 것이 아니다. 도덕은 개인 혼자만의 선택이다. 이 선택이 그가 속한 사회 전반에 영향을 미친다 해도 말이다. 반대로 정치적 결정은 집단의 명목으로 행해지며, 개인은 오직 사회 구성원의 일원으로서만 이에 참여할 뿐이다. 사회라는 집단 속에서의 삶은 우리를 의무와 갈등하는 상황으로 안내할 수도 있으며, 이에 대한 해결책은 오직 사회 규범 안에서만 발견될 수 있다. 정치적 선택은 비록 총의에서 나온 것이라 할지라도 어느 몇몇 개인의 양심은 충족시키지 못할 수도 있고, 더 나아가서는 개인의 양심과 충돌을 일으킬 수도 있다. 예를 들어 전시 상황에서 내가 무기를 드는 것을 거부한다 치자. 그리스도교는 모두가 하나님의 자녀로서 모든 인간을 형제처럼 사랑할 것을 주장하지 않았는가. 초기 그리스도교 사상가인 오리게네스나 테르툴리아누스는 그리스도교 교리와 병사의 임무가 양립될 수 없음을 주장하지 않았는가?

따라서 집단적 삶을 지배하는 법적·정치적 규범과 도덕을 혼동해서는 안 된다. 나를 다른 사회 구성원과 연결시키는 사회적 요구는, 나로 하여금 그것이 내 양심에 비춰 옳지 않은 것일 때 따르기를 거부하는 도덕적 의무와는 아무 관계가 없다. 그렇지만 사회와 국가는 나를 억압한다. 베르그송(1859-1941)이 인류의 영웅 중에서 시대의 압박에도 불구하고 인류의 도덕적 발전사에 진정으로 혁명적이고 비옥한 씨앗을 던졌던 사람들을 최상의 위치에 놓았다는 것은 이해할 만한 일이다.

그런 인물로 예수를 꼽을 수 있다. 예수의 **산상보훈**(山上寶訓)은 기존의 몇몇 율법에 대한 고발이다: 율법은 너희들에게 ……하라고 명한다. 하지만 내가 너희에게 이르노니……. 성서의 이 구절에서 예수는 몇몇 유대학자에 의해 만들어진 편협한 법 해석에 항거한다. 예수는 법이 죽이는 데 목적을 두는 문면(文面)에 의해서가 아니라 생명을 불어넣어 주는 정신에 의해 준수되어야 한다고 생각했다: "내가 너희에게 이르노니, 너희 의(義)가 서기관과 바리새인보다 더 낫지 못하면 결단코 천국에 들어가지 못하리라." 율법이 "살인치 말라"라고 규정짓고 있다면, 예수는 이에 다음과 같이 덧붙였다: "나는 너희에게 이르노니, 형제에게 노하는 자마다 심판을 받게 되리라." 예수는 모든 인간이 우리의 형제임을 선언하고, 인간에 대한 사랑을 법의 본질적 근원으로 삼으면서 법을 근본적으로 바꾸어 놓았고, 법을 새로운 도덕의 전령자로 만들었다.

두더지의 눈

정치는 통치 기술이다. 그리고 권력에 있어 무엇보다도 중요한 것은 공익을 추구하면서 계획한 바를 효과적으로 성공시키는 것이다. 이러한 정치의 실용적인 목표는 마키아벨리로 하여금 그의 저서 《군주론》에서 전통적인 도덕적 가치(훗날 니체는 이를 '그리스도교의 도덕'이라 칭했다)를 공격하도록 하였다. 도덕적 가치가 정치에 영향에 미칠 때, 그것은 십중팔구 정치를 실패의 길로 인도한다는 것이다. 훌륭한 군주(대통령 혹은 왕)는 '선량해지지 않는 법을 배워야 한다.' 통치에는 두 가지 양태가 있다. 하나는 인간적인 법에 의한 통치이고, 또 하나는 동물을 통제할 때 쓰는 힘이나 술수를 통한 통치이다. 군주에게는 '인간과 동물, 둘 다를 통제할 수 있는 기술'이 반드시 필요하다. 따라서 통치란 머리를 짜내어 모든 권력 수단을 이용하는 것이다.

마키아벨리가 정치와 통치의 룰이 도덕보다는 테크닉과 능수능란함에 달려 있음을 인정한 것은 사실이지만, 그렇다고 해서 그가 모든 도덕을 전적으로 경멸하면서 폭력을 옹호했던 것은 아니다. 그는 정치가가 파괴자나 냉혹한 살인자가 되어서는 안 된다고 보았다. 정치가는 유연함과 겸손함의 모범이 되어야 하며, 결코 공익 추구라는 본연의 임무를 망각해서는 안 된다. 이런 의미에서 마키아벨리는 흔히 사람들이 말하듯이 '마키아벨리적'('권모술수에 능한')이지 않다. 진정한 정치는 도덕을 무시한다. 진정한 정치가는 도덕을 경멸한다. 하지만 그렇다고 해서 궁극적으로 수단을 정당화시키고자 하는 배덕주의자가 되지는 않는다.

정치를 단순한 처세술로 축소시키는 것은 다음과 같은 터무니없는 계명들을 더욱 공고히 하는 것이다: *fac et excusa*(행하라, 그리고 정당화하라), *si fecisti, nega*(네가 행한 일을 부인하라), *divide ut imperes*(지배하기 위해서는 서로를 분열시켜라). 이 파렴치한 행동 강령은 의무와 정의라는 모든 합리적인 요청을 거부하면서 권리, 즉 자유의 존중을 부정한다. 이와 같은 정치에서의 기계적인 합리주의를 비판할 수 있는데, 그 이유는 이것이 인간 본성 중 이성에 복종하는 능력과 경쟁하면서, 일어서서 하늘을 응시하도록 만들어진 존재에게 경험에 고정된 두더지의 눈을 하고 땅만 쳐다보도록 종용하기 때문이다. 진정한 보편성을 끌어내지 못한다면, 경험적 규범은 상황을 고려하지 않고서는 현실의 모든 경우에 들어맞는 명령임을 주장할 수 없다.

하지만 플라톤(B.C.428-B.C.348)이 바라던 것처럼 통치의 책임을 도덕적으로 특별한 재능을 부여받은 존재에게 전적으로 위임하거나, 혹은 홉스처럼 옳고 그름을 판단하는 것은 오직 최고권자에게만 속한 일이라고 여길 필요가 있을까? 이것은 권력의 행사가 그 누구보다 선량한 사람도 폭군으로 변하게 할 수 있다는 점을 간과한 것이다. 게다가 철인 통치에의 이상은 독재 정치의 열망을 부추길 수 있다. 사실 권력은 사람들의 도덕적 약점을 구실삼아 이들에게 무조건적인 복종을 요구할 수도 있다. 신성불가침의 인간 이성과 필연적 권리인 생각의 자유를 부정하도록 만들면서 말이다.

칸트 철학은 모든 형태의 독재 중에서 가장 위험한 것이 관대하고 친절한 정부임을 일깨워 준다. 관대한 군주는 국민들을 스스로는 무엇이 옳고 그른지 분별할 수 없는 어린아이처럼, 약자처럼 취급하기 때문이다. 도덕의 최고 법칙은 주체의 자율성 안에 존재하므로, 이성의 개입을 방해하고 인간의 유아성에서부터 비롯된 모든 정치는 인간의 도덕적 능력의 자유로운 발전을 구속할 수밖에 없다.

따라서 정치는 단순한 처세술도, 단순히 호의나 도덕에 근거한 것도 아니다.

지배의 목적과 목적의 지배

결국 정치란 자유로운 존재들의 공존을 가능케 하는 것을 그

임무로 하는 법의 실천이다. 따라서 각 개인에게 다른 사람의 자유와 모순되지 않는 자유를 부여하는 법만이 도덕적으로 합법적이다. 즉 달리 말해, '보편법을 따르는 모두의 자유와 개인의 자유의 공존을 가능케 하는 행동 준칙'만이 정당하다. 이 원칙은 정의와 불의의 절대적 기준을 규정짓는다.

따라서 이론상으로 도덕과 정치는 서로 모순되지 않는다. 이둘은 그밖의 다른 모든 동기 외에 법을 의지의 결정 원칙으로 삼는 이성의 힘에 그 근원을 두고 있다. 모순은 실천에 있어 인간이 법을 존중하기보다 권력에 우위를 두면서 위선과 냉소에 의지하고 있다는 데서 비롯된다. 이것이 바로 정치가 법 앞에 무릎을 끓어야 한다고, 또 정치는 도덕에 경의를 표하지 않고서는 앞으로 한 걸음도 내디딜 수 없다고 주장하는 이유이다.

하지만 정념에 대한 이성의 우위를 주장하는 데 사법권만으로는 충분치 않다. 따라서 덕의 실천을 통해 정치의 종말이 가능하다고 생각하는 것이 도덕의 의무이다.

실제로 국가는 법적인 차원 안에서 강제성을 띤 대외법을 정한다: 살인을 금함, 도둑질을 금함……. 따라서 개인의 자유는 일반법에 따라 타인의 자유와 양립 가능한 제한적 조건하에서만 가능하다. 이러한 입법 사회에서는 따라서 개인적인 도덕이 아닌 오직 행위의 합법성에 대해서만 법이 관여한다. 그런데 사회적 삶은 인간 내부에 도사린 정념을 자극한다. 개인은 가능한 한 최고의 자리를 차지하고 싶어한다. 여기에서 질투·갈망·경쟁심이 유발된다. 그리고 미움이나 폭력을 경쟁과 우정으로 승화시키고자 하는 사람에게 항상 승리가 돌아가는 것도 아니다. 게다가 국가와 국가간에는 항시 전쟁의 가능성이 도사리고 있다.

따라서 안전·행복·자유는 목적의 지배를 통한 정치의 초월이 가능하다고 생각할 때에만이 비로소 실현될 수 있다. 그럴 때만이 인간은 서로를 존중하고, 서로를 수단이 아닌 목적으로 여기게 될 것이다. 이러한 사회에서는 도덕적 의무가 법으로 대체되고, 동시에 법적 명령이 될 것이다. 분명 이 모든 것은 단순히 이성 작용에 의한 '관념,' 달리 말해 이상에 지나지 않는다. 하지만 이같은 이상은 규제 가치를 지닌다. 이것은 인간의 행동을 평가하고 수정하고 바라는 방향으로 바꿀 수 있도록 해준다. 도덕은 이렇게 목적이 지배하는 세계가 가능하다고 생각할 것을, 눈에 보이는 구체적인 현실로서가 아니라 사회 역사의 궁극적 지평으로서 그러한 세계가 가능하다고 생각할 것을 우리에게 명한다.

국가의 질서

국가, 즉 정치와 법 등의 제도로 조직화된 사회의 목표는 시민의 평화를 보장하고 문제가 발생하지 않도록 감시하며 질서를 유지시키는 것인가, 아니면 정의를 확립시키는 것인가?

질서는 법제화된 것이 아니면, 즉 오직 최고권자의 지배와 폭력 위에 세워진 것이 아니면 오래 유지될 수가 없다. 그만큼 "최고권자는 그의 힘을 권리로, 복종을 의무로 전환시키지 않는다면, 영원히 지도자의 위치에 있을 만큼 결코 그렇게 강하지 못하다." 따라서 정의가 없으면 질서도 없다. 오직 보편 의지에 그 근원을 두고 국민들의 자유를 보장하는 규율만이 존중받을 가치가 있고, 또 존중될 수 있다. 따라서 안보라는 명목으로 모든 자유를 억압할 수는 없다.

하지만 정의 없는 질서가 존재하지 않는다면, 질서 없는 정의 역시 성립되지 않는다. 따라서 질서를 존중하도록 만드는 일, 달리 말해 법이 우롱당할 때 강제성에 의지하는 것이 국가가 하는 일이다. 하지만 그 강제성 역시 정당한 것이어야 한다. 왜냐하면 그것은 복수를 위해서가 아니라 법을 부흥시키는 것을 목적으로 해야 하기 때문이다. 진정한 질서는 오직 개인의 자유와 다른 모든 사람의 자유의 조화를 가능케 해주는 정의로운 법, 모두에 의해 존중되어야 하는 법 테두리 안에서만 존재한다.

그런데 정의를 세운다 함은, 또한 산출된 부의 공정한 분배 같은 문제에도 관여한다는 것을 의미한다. 그렇다고 해서 국가가 전적으로 모든 일에 관여해서는 안 되며, 따라서 좀더 광범위한 사회 정의의 구현에 작용해야 한다.

아버지 죽이기

관대한 국가는 국민에게 행복을 보장해 주는 것처럼 보여진다. 그런데 국가의 역할은 정치적 자유를 보장해 주는 것이지 국민의 행복에 관여하는 데 있지 않다. 얼핏 보기에 국가의 국민에 대한 사랑은 매혹적으로 여겨진다. 하지만 역사는 부성적 온정주의가 결국 독재의 또 다른 이름이라는 것을 증명해 준다.

그것은 행복이 개인적인 일이기 때문이다. 행복은 각자가 자기에게 맞는 길을 따라, 다른 사람의 자유를 방해하지 않는 범위 내에서 추구해야 하는 각자의 몫이다. 행복은 주관적인 것이기 때문에 행복이 무엇으로 이루어지는지 국가가 결정지을 수 없고, 개인의 행복을 구속할 수도 없다.

관대한 국가는 국민이 자립적인 성인이 되는 것을 막을 수밖에 없다. 칸트적 방식으로, 국민에 대한 호의를 기본 원칙으로 하여 성립된 국가, 즉 아버지 같은 국가를 상상해 보자. 힘없는 어린아이처럼 무엇이 진정 그들에게 유용하고 또 해로운지 스스로 판단할 능력이 없는 국민들은, 국가의 최고권자가 어떻게 하면 그들이 행복할 수 있는지 결정 내려 주기만을 기다리며 수동적으로 행동할 수밖에 없다. 국민은 행복을 원하는 만큼이나 오로지 국가의 자비만을 기대해야 한다. 이러한 국가는 생각보다 훨씬 더 강력한 독재를 휘두르고 있는 것이다.

칸트 이후로 알렉시 드 토크빌(1805-1859)이 오로지 저속하고 하찮은 익숙한 쾌락에만 몰두하는 국민들과, 그들의 쾌락을 보장해 주고 그들의 운명을 감시하는, 거대한 수호 세력으로서 새로운 형태의 독재를 휘두르는 국가의 모습을 상정한다. 보호자·아버지 같은 국가는 국민들을 유아적이고 무책임한 상태로 남아 있게 만들 수밖에 없다. 분명 이러한 국가는 국민들이 행복한 삶을 영위하기를 바란다. '이들이 오로지 행복만을 추구한다면' 말이다. 이러한 국가는 기꺼이 국민의 행복을 위해 봉사한다. 하지만 '국가 자신이 유일무이한 주체자이자 심판관이 되길 원한다.' 이러한 국가는 국민에게 안전을 보장해 주고, 욕구를 충족시켜 주고, 쾌락을 조장하고, 그들의 주요 사업을 지휘 감독하고, 상속권을 결정짓고, 그들의 유산을 분배한다; "이들로부터 생각하는 고통과 삶의 근심을 완전히 덜어 줄 수 있기를 바라는가?" 토크빌은 그런 식으로 국가는 점차적으로 국민의 자유 의지를 점점 더 무력하게 만들고, 개인의 의지가 작용하는 공간은 점점 더 축소되다가 결국에는 거의 완전히 사라지게 되고 만다고 말한다……

분명 폭력적이고 공개적으로 위압적인 국가와 반대로 관대한 국가는 국민의 의지를 무참히 짓밟지는 않는다. 하지만 대신 이러한 국가는 국민을 무기력하게 만들고, 교묘히 조종하며 국가 권력에 복종하게 만든다. 아주 드물게 행동을 요구할 때도 있지만 끊임없이 이들의 행동에 제동을 건다. 이런 형태의 국가는 파괴하지는 않지만 무언가의 발원을 막는다. 군림하지는 않지만 '방해하고, 억압하고, 무기력하게 만들고, 감각을 마비시키고, 그러다가 종국에는 국민을 한낱 소심하고 솜씨 좋은 동물 집단으로 환원시키고, 자신은 양치기임을 자처한다' 이것이 가장 교활한 지배 방법이 아닐까?

이처럼 국민의 도덕적 교화나 행복을 보장해 주는 일은 통치자나 정치인의 몫이 아니다. 이들은 각 개인의 도덕적 성장과 행복 추구를 용이케 하는 조건을 만들어 낼 뿐이다. 하지만 그렇다면 도덕과 행복 사이에 모순은 없는가?

5

모순은 있다, 하지만…

다나이스의 통

〔다나이스는 그리스 신화에 등장하는 아르고스의 왕 다나오스의 50명의 딸들. 이들은 남편을 죽인 죄로 지옥에서 밑 없는 통에 물을 채워넣는 형벌에 처해진다. 충족되지 않는 것, 끝없는 노고 등의 비유.〕

최고의 행복은 결코 태어나지 않는 것이다.
이미 태어났다면,
하루속히 사라지는 일이다.

소포클레스의 이 비극적인 시구는 삶에 대한 깊은 비관을 표현하고 있다. 삶은 비통하고, 번민과 근심·슬픔·고통으로 가득 차 있다.

하지만 그리스 전통에 따르면, 삶에 대한 불신은 격렬한 요구와 더불어 끊임없이 영혼의 평화를 견제하는 육체에서 비롯되는 것이다. 이러한 참을 수 없는 육체의 압박에서 벗어나기 위해 고대 철학자들은 오직 그들의 비참한 육체만이——그들의 영혼이 아니라——세상에 거주하고 있을 뿐이라고 단언하기도 했다. 《파이드로스》에서 플라톤은 육체와 영혼의 분리 작용으로 여겨지던 죽음이 그에게는 심지어 축복이라고까지 말했다. 진정한 생은 언젠가는 숨결이 떠나게 될 육체의 껍데기 안에 있는 것이 아니라 그 숨결, 마침내 자유로워졌을 때 새로이 내세라는 아름다운 관념의 세계로 들어갈 그 영혼이기 때문이다.

하지만 인간은 식욕과 성욕처럼 육체가 요구하는 원초적 목적을 추구하려는 성향이 강하다. 이러한 본능을 잊고 전적으로 정숙하고 부덕한 삶을 영위하며, 관조적인 생활 속에서 '최고의 선'에 도달할 수 있는 사람은 극히 드물다. 그래서 좀더 간단하게, 플라톤은 《고르기아스》에서 일상이 우리에게 가져다 주는 것에 만족하면서 규칙적인 삶을 영위할 것을 권고하고 있다. 검소하기조차 한 이러한 삶이 혼란스럽고 채워지지 않으며 제어를 모르는 인간이라는 존재에게 바람직한 삶이다. 왜냐하면 끊임없이 쾌락을 좇는 사람의 삶은 끝없이 채워 주어야 하는 구멍난 통과 비슷하기 때문이다. 충족되자마자 또 다른 욕망이 생겨나는 그러한 존재에게는 불행과 회한·고통의 끝없는 행렬이 이어질 뿐이다.

에피쿠로스 역시 쾌락이 행복에 이르는 수단이라는 것을 부정했다고 알려져 있는데, 그는 쾌락이 스스로를 위해 추구되어서는 안 되며, 오직 고통을 피하고 영혼의 평화를 얻기 위해서만 추구되어져야 한다고 하였다. 행복한 삶을 가져다 주는 것은 끝없는 향연이나 성적 쾌락, 사치스러운 식도락이 아니라 '선택해야 할 것과 피해야 할 것의 동기를 섬세하게 살피는……' 왕성한 이성의 작용이라는 것이다.

그리스 철학자들은 자아의 완성이야말로 모든 사람이 추구하는 것이라고 여긴 반면, 대부분의 사람들에게 있어 행복이란 욕망이나 기호의 과도한 충족에서 비롯되는 것이 아니라 오히려 이성에 의해 통제되고 절제된 삶 안에 놓여 있다. 따라서 행복과 덕 사이에 모순은 없다. 행복은 정당한 욕망이 추구하는 목표이기 때문이다.

행복한 삶은 모든 지나친 것에 대한 거부를 포함한 덕의 실천 속에 놓여 있다는 것을 깨달아야 한다.

삼각형의 꼭지점

아들 니코마코스에게 주기 위해 쓴 도덕적 성찰과 그의 시대의 지혜를 담은 책 속에서, 아리스토텔레스는 이성적이고 절제하는 행동을 격찬하고 있다. 매번 그는 지나침과 무기력이라는 두 극단을 피하고, 신중함의 덕에 따라 행동할 것을 아들에게 권하고 있다.

이 책에서는 매 상황에서 적절한 중간점이 무엇인가, 바라는 것과 가능한 것을 어떻게 조화롭게 결합시킬 수 있는가를 분별할 수 있는 법에 대하여 말해 준다. 적절한 중간점은 행동에 있어서 뿐만 아니라(너그러움이 낭비와 인색의 중간점인 것처럼)

열정에 있어서도 추구되어져야 한다(용기가 무모와 두려움의 중간점인 것처럼). 덕이란 정도를 깨닫도록 해주는 유일한 것, 즉 이성에 의해 통제된 행동이다.

이처럼 도덕은 정도에 맞지 않는 인간 행동의 총체와 반대되는 것이다. 그러한 '무절제한' 행동은 이성이 요구하는 것에 비할 때 **지나침**이나 **결핍**으로 이해될 수 있다. **중용의 덕**은 적당한 중간점이 아니라 정중앙이다. 지나침과 결핍이라는 악이 대칭으로 받치고 있는 덕은 꼭대기에 위치한다. 정중앙점은 악행과는 다른 자리에 놓여 있다. 이것은 마치 삼각형의 꼭지점처럼 돌출되어 있다. 고매함의 절정인 이 중용은 분명 범용함과는 구별되는 것이다.

선 의

이러한 현실적인 절제는 행복과 덕행에 대한 열망을 긴밀하게 연결해 준다. 자아의 진보를 최고의 목표로 놓는 만큼 가능한 최선의 행동을 목적으로 한다는 것은 모든 쾌락을 거부할 것을 요구하지는 않는다.

하지만 자아의 통제나 절도와 같이, 종종 도덕성과 똑같이 바람직한 것으로 여겨지는 이러한 영혼의 내면적 규정이 아리스토텔레스가 의무보다 더 귀한 것이라고 믿을 정도로 절대적인 가치를 가지고 있을까? 이것은 잘못 사용될 소지가 있지 않은가? 범죄자의 용기는 더욱 파렴치한 행위를 야기하지 않을까? 오직 자기 자신에 의거한 용기만이, 절대적으로 그러한 용기만이 진정 옳은 것이다.

엄밀히 따질 때 훌륭한 의도에서 행해진 게 아니라면 절대적으로 훌륭하다고 여겨질 수 있는 것은 아무것도 없다. 그리고 어떤 사람이 한 행동에 대한 **의도**의 옳고 그름을 가리는 것은, 그 사람의 작품이나 성공 여부에 따라서가 아니다. 그걸 가릴 수 있는 것은, 계획한 어떠어떠한 목적에 이를 수 있는 그의 재능이 아니라 그의 의도 자체이다. 계속해서 변하는 그 내용물이 아니라 절대적으로 유일한 그 형태이다. 선의는 의무에 대한 순수한 존중심에 따라 행동할 것을 결심하는 태도이다.

강제적인 것

행복과 덕에 어떤 대립이 존재한다면 그것은 의무가 보편성을 요구하는 한편, 행복은 본질적으로 보편성을 거역하는 경험적 동기에 따르기 때문이다. 사람들이 행복이라 일컫는 것은 흔히 우연적이고 덧없는 욕망의 대상물에 지나지 않는다. 사실 무엇이 행복을 가져다 주는지 확신을 가지고 분명히 말하는 것은 불가능하다. 실제로 인간은 결정이 불가능한 양자택일의 상황을 오랫동안 무시해 왔다.

인간은 부유함을 원한다? 하지만 이것은 얼마나 많은 근심과 탐욕·함정을 야기한단 말인가!

인간은 지식을 열망한다? 이것은 오히려 악에 대한 혜안을 가져다 줄 위험이 있지 않은가!

인간은 장수를 원한다? 이것은 길고 긴 고통의 행진이 아니던가?

인간은 건강을 원한다? 이것은 무절제에 몸을 맡기기 위함이 아닌가?

행복의 개념은 너무나 모호해서 그 누구도 명확하게 규정지을 수 없고, 다른 사람과 함께 공유할 수도 없다.

사실 행복해질 수 있는 일을 하라고 명령할 수 있는 명령법은 엄밀한 의미에서 존재하지 않는다. 왜냐하면 행복이 진정 하나의 이데아라면, 그것은 이성적인 이데아가 아닌 상상에서 비롯된 이데아이기 때문이다.

'……을 명할 수 있는 명령' 이것은 칸트의 철학 체계 안에서만 의미를 발휘한다. 자연의 만물은 법칙에 따라 움직인다. 하지만 우리 인간 세계는 자연 법칙에만 따르는 것이 아니라 문명의 법칙에도 영향을 받는다. 인간은 사물이 아닌 이성적인 존재이기 때문에 구속적인 자연 법칙에 따라 행동하기보다는 스스로의 의지에 따라 행동한다.

달리 말해 인간은 원칙에 따라, 그가 형성한 이성적인 것의 표상에 따라 행동할 능력을 가지고 있다. 분명 인간 역시 자연 만물처럼 은연중에 자연 법칙에 복종한다. 하지만 문명화된 존재로서 인간은 의식적으로 스스로가 자신에게 부여한 법칙에, 이성에 부합하는 법칙에 따른다. 인간의 불행은 인간이 완전히 이성적인 존재가 아니라는 점에서, 인간의 행동이 전적으로 선이라는 객관적 표상에 의해 결정되지 않는 점에서 기인한다. 법과 인간, 좀더 정확히 말해 인간의 의지 사이에 명령에 의해 표현되는 의무가 개입해야 하는 것이다.

가정(假定)과 확신

주지하다시피 인간은 실제로 이성에 따라 행동할 능력이 있다. 따라서 십중팔구 인간은 행동하기 전에 자신이 하려는 행동이 옳은지 옳지 않은지에 대해 의문을 제기한다. 하지만 여기에서 칸트식으로 **정언 명령**과 **가언 명령**을 구별해 볼 필요가 있다. 하려는 행동이 무언가 다른 것을 얻기 위해 필요한 **수단**으로서 옳은 것이라면(행동을 규정하는 짧은 문구. ……하다, ……행동하다 등등의 명령형 동사로 시작된다), 이때 그 명령은 가언 명령이다. 예: 건강을 원한다면 운동을 하라.

반대로 행해져야 할 행동이 **그 자체로** 올바른 것이라고 가정해 보자. 그 행동은 그 자체로 필연적인 것이며, 다른 그 어떤 목적과도 관계가 없다. 이 행동을 명하는 명령법은 **정언 명령**으로서, 이때의 명령 어구는 그 어떤 경우에도 '……한다면'으로 시작될 수 없다. 이것은 조건 없는 절대 명령이다. 예: 약속을 지켜라!

행복이 어디에 속하는 것인가를 이해하기 위해서는 이러한 구별을 통한 우회가 반드시 필요하다. 행복을 얻기 위해 취하라고 내려지는 명령은 정언 명령이 아닌 오직 가언 명령뿐이다.

우리의 행복을 위한 수단의 선택과 관련된 명령, 즉 '조심하시오' 같은 명령 형태를 취하는 신중함에 대한 명령은 오직 가언 명령만이 가능하다. 어떤 행동이 명령되어질 수 있지만, 이는 절대적인 것이 아니며 단지 다른 목적을 위한 수단으로써일 뿐이다.

하지만 앞에서 언급했다시피, 오직 다른 목적을 얻기 위한 조건으로서 제안되는 것이 아닌 또 다른 명령법이 있다. 그것은 어떤 행동의 **이유**나 그 행동으로 인해 얻어지는 결과와 관련된 것이 아니라 행동의 **형태**와 원칙에 관련된 명령법이다. 이러한 명령은 정언적이다. 이것이 바로 도덕에 부합하는 명령이다.

만일 내가 알고 있다면

행복과 도덕성 사이에는 행해져야 할 구분이 있다. 도덕이 온전히 이성과 보편성을 향해 있는 반면, 행복은 경험과 개별성의 차원에 속한다. 그런 만큼 모든 사람이 행복해지고 싶은 욕망을 가지고 있음에도 불구하고, 그 누구도 진정 자신이 바라는 것이 무엇이며 무엇을 원한다고 생각하는지 정확하고 일목요연하게 표현하지 못한다.

분명 경험에서 비롯된 충고는 대부분 옳다. 엄격한 식이요법, 절약, 친절, 겸손한 태도 등등 경험에서 비롯된 가르침은 많은 부분 행복에 이르는 데 도움을 준다.

하지만 도덕에 관련된 **정언 명령**은(행동의 형태와만 관련이 있는), 그것이 아무리 탁월한 것이라 한들 경험이나 혹은 심지어 전례에 의거한 제안조차 할 수가 없다. 도덕은 성향이나 주관·개별성 등을 반영하지 않으며, 조언을 배포하지도 않는다. 도덕은 명령을 내리고, 법칙을 선언한다.

행복은 가치 있는 것이다

하지만 그럼에도 불구하고 행복과 도덕 사이에는 연결고리가 있다. 우리의 성향의 충족이라 정의될 수 있는 행복은 분명 도덕의 기준이 될 수 없다. 이성이 아닌 경험에 의거하는 행복은 법의 근원을 제공해 줄 수 없다. 하지만 행복을 그 모티프로 하는 실천법이 '실용적인' 법, 신중함의 규율이라면 도덕법은 행복을 가져다 주는 것 이외의 다른 동기는 가지고 있지 않다……

다시 칸트로 돌아가 그가 《순수이성비판》에서 던지는, 양식 있는 사람이라면 누구나 사는 동안 적어도 한 번쯤은 스스로에게 던져 보는 질문과 이에 대한 그의 답을 곰곰이 생각해 보자…… 첫번째 질문: "나는 무엇을 해야 할까?" 칸트의 대답: "당신을 행복하게 해줄 만한 일을 하라." 두번째 질문: "나는 무엇을 바랄 수 있는가?" 칸트의 대답: "각 개인은 꼭 그가 한 행동에 걸맞은 만큼의 행복을 바랄 수 있다."

결국 도덕 체계는 행복 체계와 뗄래야 뗄 수 없는 불가분의 관계에 있다는 결론이 도출된다. 하지만 일상적인 현실 차원에서는 그렇지가 못하다. 이것은 순전히 관념적인 차원에서만 그렇다.

아마도 언젠가는…

따라서 행복이 최우선은 아니다. 최우선에 놓아야 할 것은 무엇보다도 우리가 행동함에 있어 우리를 도덕 규범과 일치시켜야 한다는 것이다. 다음의 문구는 누구나 한 번쯤은 들어 본 적이 있는 말이다: "네가 네 자신을 위해 바랄 수 있고, 또 모든 사람의 행동에 적용되는 보편적 법칙으로서 바랄 수 있는 행동 준칙에 따라 행동하라." 이것이 바로 도덕과 행복의 일치이며, 이러한 도덕과 행복의 일치만이 우리에게 행복해질 만한 자격을 부여해 준다.

행복이 상상 속의 이데아일 뿐이라는 말은 분명 일리가 있다. 그리고 모든 사람이 행복에 이르고 싶어하지만, 이들은 자신이 무얼 원하는지 정확하게 딱 꼬집어 말하지 못한다. 어찌되었든 행복 추구는 강제적으로 명하는 도덕 규범에 비할 때 부차적인 것이다.

분명 순전히 의무의 존중에 의해서만 결정된 양심은 '자기 자신에 대한 만족'을 낳고, 또 어쩌면 자기 도취를 불러일으킬 수도 있다. 하지만 그런 태도는 인간이 결코 자신이 행한 행동의 도덕적 가치에 대해 확신할 수 없다는 점을 간과한 것이다. 왜냐하면 그 행동의 근원에는 언제나 행동 주체의 자신의 행동에 대한 무의식적인 호의가 담겨 있기 때문이다. 불행하게도 신성(神聖)은 인간의 차원에 속하지 않는다.

칸트가 도덕과 행복을 대립시킨 근간에는, 도덕은 이성의 차원이며, 이것은 항상 우리의 욕망과 사리사욕에 대한 거부를 전제로 한다는 확신이 자리잡고 있다. 하지만 모든 인간의 개인적 성장을 통한 성숙은 감성·섹슈얼리티·쾌락의 발달과 관계있는 것이 아니던가? 쾌락 추구가 부재하는 행동을 진정 단 하나라도 떠올릴 수 있을까? 인간은 호의의 감정을 통해 도덕적으로 행동하고, 그것에서부터 기쁨을 느낄 수는 없는 것일까?

6

마음인가, 이성인가?

호 의

인간을 도덕적으로 행동하도록 규정짓는 것은 무엇인가? 감정인가, 아니면 이성인가?

타인이 아주 어려운 상황에 처해 있을 때, 우리는 그 타인이 또 다른 우리 자신인 양 자연스럽게 그를 도와 주고 싶은 마음이 생긴다. 우리에게 ——자연에 반하여—— 인간 공동체 밖에 있는 사람들에 대해 '두려움'을 느끼게 하는 것은 바로 모든 인간에 대한 이 호의의 감정이다. "나 죽은 다음 지구가 화염에 휩싸인들 무슨 상관인가!" 혹은 "내 일만 잘 되면 되지, 다른 사람들이 무슨 상관인가!"라는 말을 씁쓸한 혐오감과 함께 동감하지 못할 사람이 누가 있겠는가? 그래서 아리스토텔레스는 이미 그의 저서 《니코마코스 윤리학》에서 호의의 감정이 사회적 관계의 첫번째 초석이 되며, 거기에서부터 총체적인 실천 도덕을 구축하는 것이 가능하다고 주장했다.

어느 시대에나 통용되는 이러한 견해는 이중적인 형태를 띤다. 한편으로 "인간은 자신의 이웃을 사랑하는 존재이다." 다른 한편으로 "인간은 사회 속에서 사는 존재이다." 그리고 원칙의 차원에 속하는 것——인간은 자신의 이웃을 사랑한다——은 자명한 사실을 설명해 준다고 가정할 수 있다——사회 속에서의 인간의 삶. 이 원칙은 많은 사실이 이를 뒷받침해 주고 있기는 하지만 직접적으로 규범에 속하는 것이 아니다. 하지만 이것은 인간의 사회성에 관한 설명적 가치를 지닌다. 여기에서 우리는 **인간은 정치적 동물이다**라는 익숙한 문구를 떠올릴 수 있다——동물이라는 용어는 사회성이라는 자연적 특성을 지칭하고, 정치적이라는 용어는 사회 속에서의 인간의 삶을 가리킨다.

이처럼 호의의 개념을 차후의 사회적 관계를 설명해 주는 열쇠로 내세울 수 있다. 이것은 각자가 자신의 마음속에서 재발견할 수 있는 감정이고, 또 이것은 타인을 위해 행하는 우리의 자발적인 행동을 통해 증명된다. 물론 이 감정은 나쁜 행동이나 비도덕적인 행위의 가능성을 문제삼지 않는다. 하지만 이런 점에서 이것은 천성적으로 선한 인간의 사회적 타락으로 이해되기도 한다. 그렇기 때문에 호의라는 생래적 감정이 모든 사회성을 설명하는 것이라고 주장할 수는 없을까? 이러한 긍정적 관점은 18세기 영국의 모럴리스트들에게서, 이후로는 연민의 역할에 아주 특별한 중요성을 부여하는 루소에게서 재발견된다.

연 민

  루소는 연민에 대해 "각 개인이 내면 속에서 자기애의 작용을 조절하면서 자기 이외의 타자와의 상호 공존을 지향하는" 자연스러운 감정이라고 정의 내렸다. 연민은 인류의 역사적 관점뿐만 아니라 욕망·정념·감정, 그리고 이성 같은 인간에 관한 전반적인 개념들과도 연관된다.

  그의 작품 전반에 걸쳐 루소는 이 개념을 그의 동시대인들과 마찬가지로 인간의 자연스러운 덕성으로, 인간을 향한 인간의 동정심이라는 근본적인 감정이라고 주장하였다. 하지만 이보다 좀더 나아가 그는 자연스러운 연민의 감정을 그밖의 다른 사회적 덕성의 원천으로 삼았다. 즉 연민을 그 어떤 논법보다 우월한 감정적 힘으로 보았던 것이다.

  루소가 부단히 자연적 질서에 속하는 것과 사회적 질서에 속하는 것을 대립시켰음을 우리는 알고 있다. 자연에서 사회로 이어지는 이러한 역사적 계승이 인간의 내면에서도 똑같이 이루어진다. 인간의 마음속에는 자연적 차원에 속하는 것, 즉 내재적인 것과 사회 속에서 그 근원을 찾을 수 있는 것, 즉 습득된 것이 존재한다. 감정적 차원에 속하는 연민은 **자연적인** 인간 차원, 따라서 생래적인 것, 즉 이성보다 앞선 것으로 이미 인간의 내면에 깃들어 있는 것이다. **문명화된** 인간의 차원에 속하는 이성은 연민의 감정보다 후발적인 것이다.

  이처럼 자연스러운 인간 차원에서 **자신에 대한 사랑**은 이기적 감정으로, 연민은 이타적 감정으로 구분지을 수 있다. 이 둘은 반대되는 감정이지만 서로의 균형을 잡아 준다. 즉 연민의 감정은 개인 속에 도사린 이기주의를 조절할 수 있도록 해준다.

자기 자신에 대한 사랑은 인간을 자기 안으로 침잠하게 만들고, 타인과 멀어지게 하거나 혹은 힘으로 자신의 의지를 강요하도록 만든다. 반대로 연민은 우리에게 타인을 향한 길을 열어 주고, 타인을 우리의 동포 우리의 형제로 인식하여 그들에게 가까이 다가갈 수 있도록 해준다. 개인은 타인에게 연민의 감정을 느끼고, 타인을 보호하고 도와 주려는 경향을 가지고 있다. 이처럼 연민은 인류의 상호 생존을 지향한다.

즉각적인 감정

그래서 루소는 연민의 여러 다양한 기능을 묘사하면서 이 감정에 찬사를 보낸다. 좀더 정확히 말해 루소는 구체적인 설명과 추상적인 기능들을 대비시켰다.

연민은 고통과 연관되어 있다. 우리로 하여금 고통받고 있는 사람들을 도와 주도록 이끄는 것은 이 연민의 감정이다. 또 연민은 불의에 대한 제동기처럼 여겨지기도 한다. 강한 힘을 가진 미개인으로 하여금 연약한 어린아이가 힘들게 얻은 물건을 빼앗는 것을 단념시키는 일도 이 연민의 감정이다. 루소는 사회 안에서 법이 행하는 것과 같은 역할을 자연 상태에서 연민이 수행한다는 점을 보여 준다: "연민은 법·관습·덕행을 대신

한다." 마찬가지로 불의에 이어 루소는 연민이 문명 사회에서 통용되는 준칙보다 훨씬 더 유용한, 자연 상태에서 유효한 준칙, 즉 자연스러운 선행 준칙으로 이어진다는 것을 보여 준다.

연민은 찬성과 반대, 이로운 점과 불리한 점을 재는 이성과 반대로 아무 생각 없이 즉각적으로 떠오르는 감정이다. 연민은 또한 본능과도 대치된다. 실제로 연민은 우리에게 본능적 행동을 단념시키는 힘을 가지고 있다. 예를 들어 강자가 약자를 억압하려는 본능과 같은 것을 말이다.

연민과 더불어 타인의 정경이 우리 마음속에 떠오른다—— 타인의 존재를 그다지 중요하게 생각지 않는 자기애와는 달리. 먼저 타인의 고통에 대한 일종의 강한 동정은 마치 우리의 몸으로 그 고통이 진짜 느껴지는 것처럼 여겨진다. 우리가 보내는 도움의 손길은 우리가 우리 자신에게 본능적으로 보내게 되는 도움이다. 이것은 겉으로 드러나는 연민의 감정이 자기가 보상으로 받게 될 것을 염두에 두는, 어느 정도 이성적인 단순한 계산에 지나지 않는다고 보는 벤담(1748-1832) 같은 공리주의 철학자들의 견해와는 거리가 있다. 오히려 루소는 이러한 연민에서 우러난 행동을 "그 어떤 성찰도 선행되지 않은 것"이라고 지적했다. 이런 행동은 오직 각 개인이 동시에 모든 타인이라는 보편적인 공감대가 형성될 때에만 가능하다.

스스로를 강하다고 생각하는 미개인들은 어린아이와 노인을 연약한 존재로 여긴다. 연민은 거리를 상쇄시킨다. 연민은 우리를 단숨에 타자에 이르게 하고, 우리를 타자와 동등하게 만들어 준다. 우리는 스스로에게 넘치게 많은 힘을, 그것을 가지고 있지 않은 타자에게 나누어 줄 준비가 되어 있다.

연민은 너무나 즉각적이고, 너무나 완전하며, 너무나 강력하고, 너무나 절대적이어서, 그 어떤 순간에도 그 연민이 내리는 명령적 목소리에 이의를 제기할 수 없다.

연민은 또 다른 역할도 수행하는데, 특히 실천적이고 세속적인 역할이 그것이다. 연민은 이성의 '숭고함'과는 거리가 멀다. 이 연민에 대해 실천적 규범을 세우는 것이 가능하다.

알다시피 도덕 규범이란 자신의 행동 양식에 있어 스스로에게 규칙을 부여하는 주관적인 원칙이다. 도덕 규범은 일반적으로 '이것을 이러이러한 방식으로, 이러이러하도록 ……하라' 라는 식의 명령조로 이루어져 있다. 루소는 이 형식에 따라 "다른 사람이 행하는 아주 사소한 잘못에도 너의 선행을 베풀어라"라는 구절로, 어쩔 수 없는 에고이즘을 나타내는 '너의 선행을 행하라' 즉 자기 자신에 대한 사랑과, '다른 사람이 행할 수 있는 아주 사소한 잘못'이라는 타인에 대한 고려를 동시에 행하고 있다. 연민의 행동은 도덕 규범의 두번째 부분인 타자에게로 향한다. 하지만 이 행동은 우리에게서 나온 것이며, 따라서 우리 자신의 이익, 즉 도덕 규범의 첫번째 부분인 '너의 선행을 행하라'와 대치될 수밖에 없다. 그렇기 때문에 연민은 나의 것과 너의 것 사이의 긴장, 우리의 반이기주의적인 이해관계를 만족시키는 통합이다.

연민은 자연스러운 감정 상태이다. 따라서 그 교묘한 특성으로 인해 술책이나 농간에 속할 수 있는 이성논법과 달리, 연민은 모든 사람으로 하여금 잘못된 행위에 대해 반감을 유발하는 비할 데 없이 탁월한 힘을 가진 감정이다. 이처럼 연민의 감정 덕분으로 도덕은 사회나 교육의 결과와 결부된 제2의 위치로 밀려나지 않는다. 인간은 '자연스럽게' 잘못된 행위로부터 얼굴을 돌린다. 도덕은 인간 그 자체 속에서, 인간을 영원히 동물과 분리시키는 연민이라는 감정의 현존 속에서 그 근원을 끌어올린다.

따라서 루소는 인간의 천성이, 혹은 어린아이나 미개인이 비도덕적인 존재라는, 일반적으로 받아들여지는 명제에 찬성하지 않는다. 뿐만 아니라 도덕이 문명 혹은 '교육'의 결과라는 파생적 주장도 인정하지 않는다. 이것은 인류의 존속을 보장해 주는, 즉각적 감정에서 우러난 아주 단순한 도덕이다.

이러한 관점의 결과는 다양하다. 홉스의 관점과 반대로 인간은 자발적으로 인간에 반하는 전쟁을 자행하지 않는다. 오히려 인간은 타인을 도우려는 경향을 지니고 있다. 도덕은 사회의 산물이 아니다. 왜냐하면 이것은 사회보다 먼저, 이미 존재했던 것이기 때문이다. 도덕 혹은 덕행은 이성의 차원이 아니다. 결국 도덕은 우리가 소크라테스를 근거로 하면서, 마치 각 개인에게 적용시키기에는 너무나 특별한 그 무엇처럼 여기는 예들로 이루어진 것이 아니다.

이러한 입장이 주는 이점은, 우리로 하여금 우리에게서 벗어나 타자를 향해 가도록 하는 이 연민의 감정을 모든 도덕의 근원이 되게 만들어 주는 것이다. 그렇기 때문에 도덕은 이성의 작용에서 비롯된 사회적 산물로 여겨질 수 없다. 또한 도덕이 인류의 역사와 더불어 점진적으로 습득됨에 따라 문명화된 인간의 재산이 되면서, 인간은 '생래적으로' 도덕성을 안고 태어난다고 볼 수 있다.

논 쟁

루소의 주장이 타당성 있게 들리기는 하지만 그렇다고 전적인 확신을 심어 주지는 못한다. 자연적인 상태는 모두 선하고, 문명화되고 사회화된 상태는 모두 썩었다는 대립항이 작용하고 있다는 것을 아는 이상은 말이다. 감정과 이성, 선천적인 연민과 격앙된 에고이즘 사이에 대립을 일으키는 것은 바로 이러한 모순이다. 그런데 자연 상태의 우위성을 주장하는 것은 단순히 하나의 정신적 구축물에 지나지 않는다. 그렇다면 자기의 입장을 변호하기 위해 뒤늦게 만들어진 대립 체계는 어떤 가치를 지니는가?

결국 인간이 선천적으로 선하다고 주장하는 이 낙관론은 이의를 불러일으키기 쉽다. 오히려 인간이 선천적으로 타인에게 악의를 품고 있다는 성악설 지지자들이 더 현실적으로 보인다. 인간이 선천적으로 착하다는 아리스토텔레스의 주장에 대한 똑같은 비판도 유효하다. 문제는 이것이 인간의 제1 감정이라는 것을 증명하는 일이 불가능하다는 점이다. 어떤 철학자들(홉스, 헤겔……)은 현대의 실제적인 인간 관계를 기술하면서, 인간의 제1 감정은 상대 인간에 대한 대립 감정임을 전제로 하고 있다.

죽음의 수용소를 체험한 오늘날 호의에 대해 생각하는 것은 어려운 일이 되었다.

구 별

헤겔이 그의 저서 《철학 강요》에서 그랬듯이 순진무구성과 나쁜 행동의 절제를 구별시킬 수 있다. 하지만 둘 중 그 어느 쪽도 도덕성과는 거리가 멀다.

어린아이의 순진무구성은 꽤 식상한 주제이다. 순진무구성은 도덕성 바깥의 차원으로, 인간이 아직 선악과를 따먹지 않았기 때문에 어떤 것이 선이고 어떤 것이 악인지 알지 못하던 에덴 동산의 시절, 즉 일종의 최초 상태를 가리킨다. 선과 악을 구별 한다는 것은 앎을 함축하며, 그런 앎이 없다면 인간은 책임과 의무를 느끼지 못할 것이다. 법적으로도 인정받는 이러한 어린 아이의 순진무구성은 초창기 민족학자들의 가설 모델로 이용 되었다. 이들의 문명과 문명의 폐해로부터 아직 오염되지 않은, 그리고 느린 계절의 리듬과 변함없는 의식으로 무한히 그들의 사회를 되풀이해 이어 나가는 '원시' 부족의 원초적인 순진무 구함에 대한 순수한 믿음.

잘못된 행동의 절제는 더 이상 도덕성의 징표가 아니다. 왜 냐하면 어린아이나 '비문명화된 민족'은 어떠어떠한 행동이 나 쁜 행동인지(혹은 아닌지) 알지 못하기 때문이다. 이들은 그러 한 행동을 규정지을 능력을 갖고 있지 못하다. 이들에게 있어 그런 행동들은 좋은 것도 나쁜 것도 아니다. 이들은 그저 그들 존재의 즉각성 속에 존재한다.

도덕성에 접근한다는 것은, 행동을 수행하기 전에 그것을 판단하고 평가하기 위해 행동들을 미리 그려 볼 수 있고, 자신 앞에 놓아 볼 수 있는 능력이다. 더구나 그것은 행동의 원칙뿐 아니라, 그 행동의 결과 역시도 자신의 행동과 연결지으면서 모든 판단의 조건인 '관계들'을 인정할 수 있는 능력이다. 이처럼 헤겔에게 있어 도덕은 루소가 보는 것처럼 즉각적인 감정이 아니라, 선과 악을 구별할 수 있도록 해주는 유일한 지식이다.

숨 김

잠시 어떤 다른 행성에 이성적이긴 하지만 아주 고매한 생각 외에는 전혀 할 수 없는 존재가 살고 있다고 가정해 보자.

이런 존재들은 그들 모두가 아주 완벽할 때에만 서로 공존할 수 있다. 왜냐하면 나쁜 생각을 아주 조금 품기만 해도 곧 그들 사이에 불화가 생길 것이기 때문이다. 모든 사람이 자신의 생각을 부분적으로 조금은 숨기는 것이 필요하다고 생각하고 있다는 것만으로도 인간 모두가 서로에 대해 방어 자세를 취하고 있다는 점과, 또 인간은 자신을 있는 그대로 내보여지도록 방치하지 않는다는 점을 분명하게 드러낸다. 우리 인류가 상대방에게 적대적 성향을 가지고 있다는 것을 드러내는 행동 양식이다.

타인의 생각을 탐색하고 자신의 생각은 감추기, 의도적인 숨김, 과장, 속이기는 아주 흔한 일이며, 이런 행위들은 일말의 악의를 함축하고 있다. 이 점을 인정해야만 한다. 하지만 '타고난' 악의의 개념은 열외로 하고, 반대로 인간 존재가 선할 수 있다는 면을 검토하면서 칸트는 도덕성의 개념에 질문을 던진다: 호의를 가지고 행해진 행동은 도덕적인가?

결국 이 질문에——부정적으로——대답하기 위해서는 행동의 여러 동기를 검토해 보아야 한다. 인간은 허영심이나 이익을 위해 자신의 의무를 행할 수 있다. 하지만 그러한 동기들에 따라 행해진 행동이 도덕적이라고 인정하기는 매우 어렵다. '할 수 있을 때' 간헐적으로 선행을 베풀 수는 있다. 개중에 어떤 사람들은 아주 지속적으로 선행을 베풀기도 한다. 사실 이런 사람들의 수는 매우 적다.

분명 호의는 우리로 하여금 선행을 베풀고자 하는 타인에게로 향하게 한다. 하지만 이것이 자연스러운 성향에 의한 것이라면, 외면상으로 보기에도 선해 보이는 이러한 우리의 행동은 전혀 도덕적인 가치를 지니지 않는다. 게다가 호의에 언제나 보상이 따르지 않는 것도 아니다. 호의는 에고이즘의 아주 교묘한 형태일 수도 있다. 타인에게 선행을 베푸는 것은 자기 자신에게 선행을 베푸는 것이다. 그것은 거의 드러낼 수 없는 비밀스러운 선행, '내밀한 만족'이다. 이것은 만족 이상의 쾌락으로, 여기에는 권력에의 엉큼한 매혹이 자리잡고 있다. 따라서 타인에 대한 이처럼 '일그러진' 선의의 감정은 진정한 도덕이 아니다. 왜냐하면 이런 감정은 그 타인이 실제로 독립성을 가지게 되면 곧 사라져 버릴 것이기 때문이다. 오직 타인의 복종(종속)이 있을 때에만 호의도 있는 것이다. 그 사람 자체는——내가 호의를 베푸는 대상——**목표**가 아니라 나의 지배 성향을 만족시켜 주는 **수단**이 된다.

하지만 이러한 주장을 정당화하는 것은 이에 대한 공감도 반발도 아니다. 본질적인 것은 그렇게 성향에 의해 행해진 행동과 의무에 따라 행해진 행동을 구분하는 데 있지 않다. 중요한 것은 의무에 **부합하는** 행동과 의무에 **따라** 행한 행동을 구분하는 것이다. 더 나아가 오직 의무에 **따라** 행해진 행동만이 도덕적 가치를 지닌다는 명제에 도달한다.

오직 외면적으로 의무에 부합하는 행동만이, 그리고 더 나아가 그것이 결정적인 동기로서의 의무를 가질 때만이 진정한 도덕적 가치를 지닌다.

그래서 감정이나 느낌은 도덕적 가치를 지닌 행동의 근원에 속할 수 없는 것으로 여겨진다. 여기에는 적어도 세 가지 이유가 있다.

첫번째 이유는 감정이 너무 변덕스럽다는 데 있다. 나는 갖가지 이유나 논리로 어떤 사람에게는 호의나 동정심을 느낄 수 있지만, 어떤 사람에게는 그런 감정을 느끼지 못한다. 그 이유나 논리 중 몇몇은 변화무쌍한 내 기분에 따른 것이다.

두번째 이유는 감정은 수동적으로 체험되는 것이라는 데 있다. 감정은 우리 안에 예고 없이 찾아든다. 그런데 도덕성은 우리가 자율적으로 행하는 행동과만 관련이 있다.

세번째 이유는 어떤 사람이 어떤 감정을 느끼고 안 느끼고 하는 성향은 자연스러운 원인성의 산물이며, 우연성에서 출발한 사건이라는 것이다. 인간은 그가 받은 교육과 천성적으로 타고난 여러 요소들로 인해 정서 구조에 있어 사람에 따라 큰 차이점을 보인다. 어떤 사람에게는 인간적인 제스처가 자연스럽게 나타나지만, 어떤 사람에게는 그렇지 않다. 어떤 행동의 도덕적 가치는 심리적으로 결정되는, 그 사람의 성격을 나타내는 행위에 달려 있지 않다. 그것은 도덕적 능력을 천부적 재능의 문제로 삼는 것이다. 호의나 동정심은 억지로 생겨나는 것이 아니다. 이런 감정들은 우리 천성의 수동적인 부분, 즉 우리의 감성, 칸트의 멋진 표현에 따르면 **병적인 사랑**에 속한다.

이러한 병적 경향에 자율적인 이성적 행동에 속하는 **실천적 사랑**을 대비시킬 수 있다. 이처럼 인간의 실천적 사랑 준칙, 즉 호의는 "네 이웃을 네 자신과 같이 사랑하라"는 윤리적 가르침에 따르면 사랑이라기보다 인간 각자의 타인에 대한 의무라 할 수 있다. 이 실천적 사랑은 사실은 존경심이다.

타인은 수단으로써 이용될 수 있는 물건이 아니다. 타인은 절대적 존엄성과 가치를 지닌 한 개인이다. 타인은 가치 있고 존재하는 타자, 내 앞에 존재하고 가치를 지닌 자이다. 그의 이타성은 내가 느끼기에 선한 행동만 하도록 나의 행동 권한을 제한한다. 나는 그를 물건처럼 마음대로 사용할 수가 없다.

존경심은 나와 타인 사이에 거리를 만든다. 그럼으로써 이웃을 나의 조심성 없는 감성으로부터 안전한 곳에 둔다. 자연스

럽게 우러나온 호의나 동정심은 마음을 아프게 하고 괴롭히는
반면, 존경심은 거리를 유지하며 타인과의 융합을 추구하지 않
고 적극적으로 타인을 다른 자아, 자기의 **분신**으로 상정한다.
모든 사람을 호의적으로 보는 선량한 사람이 낯설고 다가가기
힘든 자아를 가장 잘 체험할 수 있는 것은 아니다. 이런 사람
들은 오히려 타인을 단순히 다른 자기 자신처럼 여기려는 경향
을 가지고 있다. 이와 반대로 나로 하여금 타인의 고통이나 기
쁨을 내 것처럼이 아닌 그의 것처럼 느끼도록 해주는 것은 오
직 존경심이다. 존경심은 여타 다른 감정들과는 달리 어떤 영
향에 의해 주어지거나 겪어지는 것이 아니다. 이것은 우리의 자
유 의지의 자발적인 산물, 일종의 우리의 의견 표명이다. 존경
심이 호의의 감정을 말소시키지는 않는다. 하지만 호의의 낭만
적 경향을 걷어내고 타자에게 몰입하도록, 최악의 경우에는 타
인을 자기 안에 흡수시키려 한다.

난 널 사랑해 / 난 더 이상 아니야

본능적인 충동이나 감정이 우리로 하여금 어떤 사람은 좋아
하고, 어떤 사람은 증오하게 만드는 게 사실이다. 본능이나 성
향이 우리로 하여금 사랑하게 만드는 것은 폐쇄적인 우리 그
룹, 우리가 본능적으로 무시하고 더 나아가서는 경멸하기까지
하는 이방인을 배제한 우리 집단이다. 이러한 관계 속에는 상
호성과 대칭성이 존재한다.

이에 대한 모델은 의심할 여지없이 에로틱한 사랑이다. 우리는 타인이 나를 사랑할 때에만 그를 온전히 사랑하는데, 그것은 우리가 타인의 인정을 필요로 하기 때문이 아니라 우리 자신의 관능이 그의 관능 속에서 누려지기 때문이다. 사랑은 미움이 타인의 미움에 대한 미움인 것처럼, 타인의 사랑에 대한 사랑이다. 그것은 분명 질투에 사로잡힌 자가 그의 질투심을 정당화하기 위해 떠올리는 사랑의 상호성에 대한 본능적인 욕망이다. 하지만 힘으로 사랑을 강탈할 수는 없다. 그런데 사랑받는 자가 자신에게 사랑을 베푸는 사람에게는 무심하고 다른 사람에게 마음을 빼앗기는 경우도 있을 수 있다. 자신의 사랑을 거절당한 사람은 슬픔에 빠지며, 이 사랑은 원한이나 심지어 증오로까지 둔갑할 수 있다.

또 사랑에 빠진 커플은 기쁨 속에서 스스로를 전적으로 상대방에게 맡기며, 모든 사회적 관계와 근본적으로 대립 관계를 맺을 수도 있다. 두 사람의 사랑의 관계는 제삼자를 배척하며 둘만의 고독으로, 폐쇄적인 은밀한 사회 속에 머문다. 이들의 기쁨은 결코 사회적 질서 속에 위치할 수 없다. 사회는 이들을 마치 세상에 홀로 존재하는 것처럼 고립시킨다.

너희 원수를 사랑하라

가까운 사람들에 대한 사랑은 진정한 이웃 사랑이라 할 수 없다: "너희가 너희를 사랑하는 자를 사랑하면 무슨 상(賞)이 있으리요. 세리(稅吏)도 이같이 아니하느냐. 또 너희가 너희 형제에게만 문안(問安)하면 남보다 더하는 것이 무엇이냐. 이방인들도 이같이 아니하느냐. ……그러므로 내가 너희에게 이르노니, 너희 원수를 사랑하라.”

예수가 전하는 말과 성서적 윤리가 명령하는 바는 그가 누구든간에 모든 사람을 사랑하라는 것이다. 이러한 사랑은 상호성을 요구하지 않는다. 진정으로 자신의 이웃을 사랑하기 위해서는 자신의 감성을 억제해야 한다. 오직 이성만이 이러한 사랑을 명할 수 있다. 이것은 본능을 뛰어넘는 요구요, 영웅적인 노력을 필요로 하는 것이다. 하지만 이성이 그럴 만큼 강한가? 왜 그런 사랑을 해야 하는지 의구심을 품지 않을까? 왜 나는 나를 사랑하지 않는 타인을 그렇게 사랑해야 하는가? 왜 나는 모든 사람을, 심지어는 아주 끔찍한 범죄자까지도 존중해 주어야 하는가? 예수의 사상 속에서 사랑의 규율은 절대 명제이다. 왜냐하면 이것은 모든 것에 선험적으로 존재하는 사랑, 온전한 덕성을 전제하기 때문이다. “그러므로 하늘에 계신 너희 아버지의 온전(穩全)하심과 같이 너희도 온전하라.” 진정으로 인간을 사랑하기 위해서는 세계와 삶의 근원인, 그리고 그 자신이 그러한 것처럼 우리의 마음을 열어 우리로 하여금 모든 사람을 사랑하게 하는 신의 사랑에 동참해야 한다.

십자가의 광기

　이러한 사랑은 단순한 사회적 혹은 가족에 대한 감정의 연장이 아니며, 또 오직 이성에서만 비롯된 것도 아니다. 즉 이 사랑은 감성적인 것도 이성적인 것도 아니다. 이것은 암암리에 이 둘 모두에 해당하며, 분명 그 이상이다. 왜냐하면 이 사랑은 감수성과 이성을 같은 근원으로 하고 있기 때문이다. 신의 사랑과 일치하는 이 사랑은 창조의 비밀을 묻는 자에게 자신의 마음을 고백한다. 이 사랑은 본질적으로 도덕보다 훨씬 형이상학적이다. 이 사랑은 신의 도움으로 '인류 창조의 완성'에 이르기를, 결정적으로 인간 스스로의 도움 없이는 완성될 수 없다면, 그리고 《도덕과 종교의 두 원천》에서 베르그송이 말하듯이 "결정적으로 인류가 인간 스스로의 도움 없이는 완성될 수 없다면, 처음 그러하였던 상태로 인류를 돌려 놓아 줄 것을" 바란다.

　성인 혹은 그리스도 신비주의자들이 전인류에게 바치는 진정한 사랑과 헌신은 필연적으로 종교적인 것이다. 이러한 사랑의 진정한 이름은 '애덕(愛德)'('애덕(charité)'은 '사랑하는(cher)'을 뜻하는 라틴어 'carus'에서 비롯된 단어가 아니던가)이며, 이것은 오직 신의 사랑과 더불어서만이 가능하다. 따라서 이러한 타인에 대한 사랑은 창조적인 신덕(神德)일 수밖에 없다. 그 어떤 이성논법도 이를 구축할 수 없다. 사도 바울은 이를 다음과 같은 열렬한 서정으로 표현하였다: "사랑은 모든 것을 참으며, 모든 것을 믿으며, 모든 것을 바라며, 모든 것을 견디느니라. 사랑은 언제까지든지 떨어지지 아니하나니." 이처럼 그리스도교도인 사도 바울에게 있어 타인에 대한 사랑은 결코 인간에게 천부적으로 주어진 본능적 감정이 아니다. 이성에서 비롯된 실천적 명령일 수는 더더구나 없다. 이것은 오직 아무 것도 바라지 않는 고결함에서만 비롯될 수 있는 행동이다. 사랑의 법칙은 신비로운 법칙, '십자가의 광기'와 닮은 **광기**이다.

물론 성인과 위대한 신비주의자들은 극소수만이 존재한다. 하지만 이들의 존재함은 하나의 호소이다. 그리고 우리 모두의 마음 깊은 곳에는 사랑과 자유라는 근원적인 순수함을 되찾고자 하는 어렴풋한 열망, '감지되지 않는 그 어떤 메아리'가 존재한다. 이것이 바로 모든 개인을 '인격체'로 인정하는 교리를 확립한 그리스도교의 힘이다.

7

기묘한 토론

나를 사랑하라

타인의 눈초리와 그 얼굴의 약함으로 인한 충격적 폭력이 없었다 해도 의무의 목소리가 그토록 오랫동안 우리를 힘들게 했을까?

우리 안에는 분명 도덕 규범이 있으며, 이성은 우리에게 이 도덕 규범에 복종하라고 명령한다. 하지만 이 이성과 도덕 규범은 인간과 인간 사이에 직접적인 관계가 없다면 그저 비인칭적인 것으로 머무르는 게 아닐까? 우리에게 돌아서서 우리 자신을 사랑하라고 명령하기 때문에, 무엇보다도 우리에게 맞서는 존재는 바로 타인이 아닐까? 명령은 우선적으로 외부적인 것이고, 우리 각자의 내부에 있는 도덕 규범을 인간적으로 유용한 것으로 만들어 주는 것은 이 외향성, 이 이성 이전의 이성이 아닐까?

나의 첫번째 존재감은 공존의 감정이다. 나의 육체는 물질 세계의 일부를 이루고, 내가 세계 안에서 존재하는 법을 알게 되는 것은 바로 이 육체를 통해서이며, 내가 타인들 사이에서 나를 인지하는 것도 바로 이 육체를 통해서이다. 타인에게 이르는 길은 시선을 통해 나에게 직접 주어진다. 나는 지하철 의자에 앉아 있다. 나는 한 얼굴로 시선을 돌린다. 나는 그의 코와 이마·턱을 바라본다. 그리고 나는 그것들을 묘사할 수 있다. 타인의 얼굴과 내가 맺는 관계는 지각에 의해 지배될 수 있다. 따라서 나의 시선은 인식이다. 그래서 나는 마치 사물을 향하듯이 타인을 향해 고개를 돌린다.

하지만 그 타인 역시 나를 바라본다. 그때 나는 시선을 떨군다. 왜냐하면 그 얼굴은 내가 할 수 있는 묘사로 축소될 수 없기 때문이다. 그 얼굴은 의미, 맥락 없는 의미이다. 그 얼굴은 그에게 유일한 의미이다. 그 얼굴, 그것이 바로 그이다.

나는 너를 먹고, 너는 나를 먹고

시선은 언제나 측정할 준비가 되어 있다.《몸짓의 의미》에서 작가 말콤 드 샤잘이 표현한 적절한 문구에 따르자면 시선은 "종이 위를 달리는 자, 떠도는 컴퍼스, 결코 가만있지 않는 직각자"이다.

더 나아가 시선 안에서, 그리고 시선을 통해 세계가 내 존재의 연장이 된다. 여기에서 폴 발레리가《침묵하는 사물들》에서 토로하는 다음과 같은 소름 끼치는 고백이 비롯된다: "시선이 잉태할 수만 있다면 얼마나 많은 아이가 태어날 것인가, 시선이 살인을 할 수 있다면 얼마나 많은 죽음이 있을 것인가! 거리는 온통 시체와 임신한 여인들로 넘쳐날 것이다." 이는 오늘날 쓰이는 '옷을 벗기다' '쏘아보다'와 같은 표현들로도 증명된다.

시선에서 표출되는 이러한 소유의 욕망은, 때로는 타인을 자신과 동화시키려는 격앙된 욕망의 형태를 띠기도 한다. 이때 타인이 지니는 거리와 심연은 고통스러운 무력감으로 느껴진다. 흔히 쓰이는 '탐욕스럽게 바라보다'나 '뚫어지게 쳐다보다' 같은 표현이 이를 증명해 준다.

하지만 나는 세상에 홀로 존재하지 않으며, 세상에는 나의 시선뿐만 아니라 타인의 시선 역시 존재한다. 나는 바라보는 존재일 뿐만 아니라 또한 누군가에 의해 바라보아지는 존재이기도 하다. 타인의 시선은 바라보아지는 나를 위해, 발가벗겨진 모습에서 옷을 입고 있는 모습에 이르기까지 나의 모든 외관에 옷을 입힐 수 있다.

가장 아름다운 만남의 장소

시선은 또한 대화를 시작하게 해주는 것이기도 한데, 왜냐하면 시선은 서로를 발견하고 서로를 모색하며 마침내 찾기 위해 서로 교차하기 때문이다. 그래서 시선은 '가장 아름다운 만남의 장소'라고 말할 수 있다. 우리는 서로의 눈에서 상대방의 내

면을 바라보고자 하면서 융화, 혹은 감정의 토로를 찾는다. 시인 엘뤼아르는 《풍요로운 눈》에서 이를 나름의 방식으로 증언하고 있다:

> 우리의 것, 오직 하늘의 시선과 바다의 시선만을 지닌 채
> 우리는 태양과 비와 바다를 향유한다.

하지만 융화는 불가능하다. 우리의 시선은 서로 교차하지만 섞일 수는 없다. 나는 타인을 나와 함께 하게 하고, 내 곁에 두고, 나와 대적하게 할 수는 있지만 결코 타인을 온전하게 소유할 수는 없다. 보는 것이 곧 소유를 의미하지는 않는다.

나는 이 다름에서 두려움을 느낄 수 있고, 그래서 이 다름을 지워 버리려 할 수도 있다. 곧바로 말하자면 이 타인은 다른 나 자신, 즉 나의 **분신**이다. 하지만 그게 다 무슨 소용인가. 타인은 근본적으로 내가 아닌 다른 사람이다. 타인은 결코 '내 것'이 될 수 없다. 나는 결코 타인의 존재를 나누어 가질 수 없다. 왜냐하면 타인은 소유의 차원이 아니라, 결코 다른 것으로 환원할 수 없는 존재의 차원에 속하기 때문이다. 나의 외부에 존재하는 타인은 나에게 맞서는 완강한 저항으로 자신의 존재를 드러낸다.

과부와 고아

　프랑스 현대 철학자 엠마뉘엘 레비나스(1905-1995)는, 그의 저서 전반에 걸쳐 이 타인의 근본적인 이타성을 주제로 다루었다. 타자로서의 타자는 단순한 나의 **분신**이 아니다. 그는 내가 아닌 나이다: "내가 강자인 반면 그(타자)는 약자이다. 그는 가난한 자, '고아이며 과부'이다." 하지만 또한 타자는 '이방인, 적, 강자'일 수도 있다. 중요한 것은, 타자는 어떤 존재이든간에 그가 지닌 이타성 그 자체로 약힘이니 혹은 강한 성격을 가지고 있다는 것이다.

　이처럼 타자는 모호하게 닮은 자신이 아니라, 말 그대로 나와 다른 사람이다. 따라서 나 자신과 다른 타인은 단번에 나와 다르다. 그것도 타자를 나와 관련지어서가 아니라, 타자 자신을 통해 타자를 긍정하는 것이 필요할 정도까지 말이다. 이 타자를 중심에 둘 필요가 있으며, 거기에서 출발하여 나를 정의 내리는 것이 가능해진다: "타자는 내가 아닌 나이다." 내 편에서는——마치 존재가 결핍된 것처럼(나는 **아니다**. 즉 나는 존재하지 **않는다**), 그리고 반대로——타자 편에서는——그가 존재의 충만함 속에 존재하는 것처럼(그는 존재한다).

　하지만 레비나스는 통용되는 모든 상식과 반대되는 역설적인 전복을 통해 그가 가정한 관계 속에서 타자를 열등한 존재, 즉 명백하게 약하고 가난한 자로 정의 내리고 싶어한다.

　이것은 분명 우리에게 의문을 던지는데, 그 이유는 그 순간부터 타자는 다른 우리 자신이 아니기 때문이다. 반대로 우리는 타자를 다름 그 자체로 인정해야만 한다——그리고 아마도 그 약함과 가난함이 바로 타자의 가치임을 꿰뚫어 볼 수 있게

까지 되어야 한다. 우리를 우리 자신에서부터 벗어나게 해야 하며, 우리를 타자 쪽으로 이끌어 가야 한다. 우리의 이타적 능력에 의문을 제기할 수 있는 것은 오직 타자의 (상대적인) 연약함뿐이다. '과부와 고아'라는 표현이 온전히 암시하는 것은 ─ 봉건주의 시대에 기사가 세상의 고난에 내맡겨진 불행한 사람들을 구원하는 것을 목표로 했던 바로 그 도덕적 의무를 우리로 하여금 환기시켜 주는 것이다.

레비나스는 '자선'이라는 상투어를 통렬히 비판하였다. 그가 보기에 이것처럼 지독한 위선은 없다. "자선은 자기 자신에서부터 비롯된다"라는 문구에 등장하는 소위 '자선'은 타인을, 그의 다름을 초월하여, 아니면 그저 그 다름을 그 자체로 사랑하는 것으로 성립되는 진정한 베풂, 기본적 덕행과 반대되는 것이다.

하지만 현실적인 방식으로 볼 때 타자는 아마도 위험하고 우월한, 명백하게 낯설고 적대적이며, 나보다 힘이 센 누군가로 정의 내리고 싶어지는 존재일 수도 있다. 하지만 그렇다 해도 역시 타자가 나의 **분신**이라는 모호한 표현과는 완전히 거리가 멀다.

인간의 평등이라는 진부한 믿음에 맞서, 반대로 모든 만남이 근본적으로 불평등하다는 것을 먼저 앞세울 필요가 있다. 우리 각자는 있는 그대로는 약하지도 강하지도 가난하지도 부유하지도 않다. 약함과 강함은 각 개인에 고유하게 소속된 소유물이 아니다. 이 모든 것은 상대적이며, 따라서 오직 주체들 틈에서 생기는 관계에 의해서만 드러난다. '상호 주체적 공간'이

라는 명칭을 취하며, **대립된 추론을 통해** 지배적인 믿음으로
통하는 인간 사이의 관계를 우리는 불평등한 것으로, 따라서
불균형적인 것으로 인정할 필요가 있다.

에로스

　주체를 마치 그가 세계에 홀로 존재하는 것처럼, 세계와 별
개의 존재로 살아가는 것처럼 상상해 보는 것은 언제나 가능
하다……. 하지만 이것은 마음속의 환상에 불과하다. 주체는 다
른 주체들이 존재하는 다원적인 세계에 던져졌다. 순수한 영
혼체로서, 그는 하나의 **단일 단위**처럼 보여진다. 세상에 던져
진 만큼 그는 **다수의** 체험을 한다. 하지만 이 두 개념은 다른
주체들 사이에 처한 주체의 진정한 상황의 기원을 설명하는 데
충분치 못하다. 여기에 **상호 주체성**의 개념을 덧붙일 필요가
있다.
　용어 자체가 가리키듯 상호 주체성이란 주체들 **사이에서** 일
어나는 것이다. 여기에서 **상호 주체성**과 연관된 다양성——주
체는 결코 홀로 존재하지 않는다——의 개념이 비롯된다. 하지
만 그 이상의 무엇이 있는데, 그 이유는 상호 주체성은 결코 중
립적이지 않기 때문이다. 상호 주체성이 주체와 주체간의 관
계에서 즉각적으로 존재의 긴장감을 형성한다. 그 공동의 배경
은 에로스이다. 즉 호의와 증오가 한데 뒤섞인 감정적 긴장감
은 사랑이 아니라는 것이다.

이처럼 타인은 우리와 분리되어 있고, 따라서 타자는 언제나 다르지만 동시에 가까이 있다. 우리 힘으로 전혀 통제할 수 없는, 이 이중적 상황이 빚어내는 긴장감의 끔찍함이란. 여기에서 일종의 고통과 정념이랄 수 있는 모든 진정한 만남의 '비극'이 생겨난다. 우리는 나와 닮은 모습을 한 타자에게 매료되어 그에게 다가가고, 타자는 그 타자성(다름)으로 인해 우리를 배척한다. 이 비극을 뛰어넘을 수 있으려면 이것을 전복시켜야 한다.

타자의 다름이 우리를 배척하는 대신, 반대로 이 다름으로 인해 우리가 그 타자를 존중할 수 있도록. 많은 사람들은 자아와의 동일성에 역점을 두면서, 선량한 의도로 타인을 다른 나 자신으로 내세우려 한다. 하지만 레비나스의 입장은 이와 정반대이다. 그는 타자가 그 고유의 특성을 지니고 있으며, 그것이 근본적으로 타자를 나와 다른 존재로 만든다고 보았다. 타자를 위대하게 만드는 것은 바로 이 다름이다. 따라서 여기에 타인의 독창성을 인정치 않는 용납할 수 없는 폭력이 있는 것이다.

이러한 경험은 모든 문화에 앞선 선험적인 것으로 받아들여져야 한다. 하나의 흔적처럼, 신이 우리 가까이 있다는 불가사의한 진리가 모습을 드러내는 것이 바로 타자의 얼굴 안에서인 한은 말이다.

불가사의한 신의 근접성

신 혹은 무한성의 개념, 결점 없고 무엇 하나 결핍된 것이 없는 온전함의 개념, 날조된 것이 아닌 관념——바로 이것이 데카르트(1596-1650)의 《성찰》이 던지는 주제이다.

　내가 내 안의 좀더 깊은 곳에 신의 다른 이름인 무한 혹은 온전함의 개념을 가지고 있지 않다면, 어떻게 나는 의심하고, 나의 불완전함을 인식하고, 따라서 알기를 열망하고 혹은 단순히 열망하기만이라도 할 수 있단 말인가라고 데카르트는 말한다. 사물이나 나(자아)에서 비롯될 수 없는 이 개념은 신에 의해 내 안에 내재되어 있었던 것이다. 이것은 외부적이라기보다 오히려 어느 정도 나의 내부에 존재하는 이타성에서 비롯된 것이다. 따라서 데카르트에 있어 신은 철저하게, 절대적으로 나와 다른 타자이다. 왜냐하면 어떤 방식으로는 신이 나 자신에게 있어 가장 내면적인 것일지라도, 그의 이타성은 그를 생각하는 나의 사고 속에서 지워지지 않기 때문이다. 신의 무한성은 나를 초월하고, 그를 생각하는 나 자신과 나를 분리시키는데, 그 이유는 만일 나의 사고가 신의 무한성에 이를 정도로 가까워질 수 있다면 무한의 개념이 나의 사고에 미치지 못할 것이기 때문이다.

　레비나스는 이 무한의 개념 속에서 외부, 즉 타자와 관계를 맺는 경험을 한다. 왜냐하면 타인은 바로 나를 자신과 분리시키고, 나의 세계 이외의 다른 세계와 내가 한 경험 이외의 다른 경험이 있다는 것을 내게 깨우쳐 주는 타자이기 때문이다. 타자는 그의 이타성이 절대 환원 불가능한 것일 때에만, 즉 영원히 요지부동의 것일 때에만 타자이다. 그리고 영원히 타자인 것은 무한일 수밖에 없다.

얼 굴

  따라서 타인은 결코 '내 것'이 될 수 없다. 타인은 그의 얼굴을 통해 직접 내게 모습을 드러낼 뿐 아니라, 그 자체로 철저하게 나의 외부에서 모습을 드러낸다. 이 존재의 무한성은 내가 그에 대해 가지고 있는 모든 지식뿐만 아니라 나의 모든 능력과 대치되는 절대적인 저항 안에서 나타난다. 타자의 얼굴의 현현 혹은 출현은 내 능력에 던져진 **거부의 말**이 아니다. 물론 타자는 나의 속임수와 나의 죄에 압도될 수도 있고, 또 그의 전 힘을 다해 나에게 맞설 수도 있다.

  하지만 중요한 것은 이것이 아니다. 타자가 그의 모든 능력을 넘어 나에게 맞선다면, 그것은 바로 그의 벌거벗은 얼굴을 통해서, '그 어떤 방어 체제도 가지고 있지 않은 그 눈의 온전한 발견과 전적인 벌거벗음을 통해서'이다. 얼굴은 사물의 단순한 표면이 아니다. 얼굴은 단순히 보여질 수 있는 것, 벌거벗겨졌기 때문에 보여지고, 그래서 약하고 부서지기 쉬운 것이 아니다. 그것은 또한 보는 것이기도 하다. 얼굴 표면은 오직 마주하고 있을 때에만 얼굴이다. 얼굴은 시선과 말과 눈과 입의 총체이다. 타자는 그 얼굴을 통해 자신을 알리지 않는다. 타자는 곧 얼굴이다. 그리고 얼굴은 또한 그의 모든 언어이다.

  이 얼굴은 의미를 지니지만, 맥락 없는 의미이다. 왜냐하면 근본적으로 인간은 한 개인이기 때문이다. 그 개인은 소르본대학의 교수이거나 누구누구의 아들이거나이다. 개인은 그의 여권에 씌어져 있는 모든 것이다. 그는 이러저러한 방식으로 옷을 입고 어떠어떠한 모양으로 보여지는 사람이다. "반대로 얼굴은 오직 그 혼자에게만 의미가 있다. 너, 그건 바로 너이다."

따라서 나는 타인을 삼인칭으로 칭할 수 없고, 다른 것들처럼 하나의 주제로, 사물처럼 대격으로 말할 수밖에 없다. 나는 타자에게 말을 걸 수 있고, 타자에게 오직 말해야만 하고, 그를 호격으로 칭해야 한다. 왜냐하면 얼굴 안에서 타자는 나의 힘을 벗어나는 무한한 타자로서 스스로를 내맡기기 때문이다. 분명 타인은 내가 죽이고 싶어질 수 있는 유일한 존재일 뿐 아니라, 또한 나에게 '살인하지 말라'는 성서의 가르침을 명령하는 유일한 존재이기도 하다. 절대적 타자, 다시 말해 '무한의 현존'은 바로 이 윤리적인 저항력이다.

내 목숨을 걸고서라도

레비나스의 모든 철학은 '타자를 위해 자기 밖에' 존재해야 한다는 이 확신 속에 놓여 있다. 인간은 그가 타인을 위한 한 사람이 될 때만이 비로소 자기 자신이 된다.

여기에서 책임의 개념에 대한 다른 접근이 나오며, 이것은 타자 개념과 분리될 수 없는 것이다. 나는 나의 사건이 아닌 것에, 나와 상관 없는 일에 책임이 있다. 통념상 우리는 우리 자신에 대해 책임이 있다. 반대로 레비나스에 있어 "책임은 처음부터 타자를 위한 것이다. 즉 나는 타자의 책임 자체에 책임이 있다."

  우리가 무의식적으로 생각하는 것과는 반대로 상호 주체적인 관계는 비대칭적인(불균형적인) 관계이다. "이런 의미에서 나는 비록 그것이 내 목숨이 달린 문제일지라도 타인에게 대가를 바라지 않는 책임을 가진다." 나는 아무것도 기대하지 않는다. 내가 타인에 책임을 지는 대가가 돌아오든말든 그건 내게 전혀 중요치 않다. 각자에게 그 몫의 책임을 남겨 주어야 한다. 그에 대한 보답은 상대방의 몫이다.

  타인에 대한 이러한 접근은 모든 인간을, 그가 누구이든, 비록 그가 극악무도한 범죄자라 할지라도 존중해야 한다는 도덕적 의무를 역설한다. 얼굴과 얼굴을 마주 대한 관계 속에서 타자는 다른 모든 사념을 뛰어넘는 절대적 존재이다. 혹자는 우리가 타인과 나, 이렇게 둘 이외에는 그 무엇도 될 수 없다고 반박할지도 모른다. 그밖의 무수한 타인들과 더불어. 바로 이런 이유로 타자의 윤리학 외에도 단계적인 정의와 법률이 필요하다. 레비나스는 이를 인식하고 있었고, 《윤리와 무한》에서 정의가 있는지에 대해 자문하면서 이렇게 대답하고 있다: "법을 규정짓고 정의를 가동시키는 타인 곁의 제삼자의 현존, 이것이 바로 인간이 다원적 존재라는 증거이다."

8

멀리 떨어져 보자

요나의 고래

도덕성은 타인의 연약함, 책임에의 절대적 호소를 바탕으로 한다고 할 수 있다. 하지만 타자는 단순히 이웃이나 인간을 지칭하는 것이 아니다. 타자는 또한 자연, 그리고 좀더 먼 곳에 있는 것이기도 하다. 우리는 미래에 올 세대에 대해 책임이 있지 않은가?

자연과의 투쟁 속에서 인간은 자연에 개입하는 방법을 끊임없이 발전시켜 왔다. 하지만 자연과 인간의, 특히 긍정적인 무한한 변형에의 환상은 이제 끝이 났다. 실제로 오랫동안 과학 문명의 발달로 인해 얻은 혜택에 비해 이에 의한 폐해가 무시되어 왔다면, 오늘날의 상황은 더 이상 전과 같지 않다. 비대해진 테크놀로지 문명은 이제 인류와 지구 자체의 미래를 위협하는 지경에까지 이르렀다. 원자 폭탄이나 환경 오염과 환경 파괴, 유전자 조작과 같은 이미 저질러진 끔찍한 일들 외에도 그 목록을 이루 다 열거할 수 없을 정도이다.

1979년에 철학자 한스 요나는 《책임 원칙》이라는 의미심장한 책을 펴냈고, 그것의 진가는 책의 대대적인 성공으로 증명되었다. 제목 자체로 에른스트 블로흐의 《희망의 원리》에 화답하는 이 작품 속에서, 한스 요나는 프랑스 혁명의 유산인 진보의 개념과 미래에 대한 낙관적 환상을 비판하고 있다.

여기에서 그는 과학의 진보, 특히 유전학 분야에서 진행된 과도한 테크놀로지의 위력에 대해 책임을 져야 한다는 새로운 윤리 개념을 제기하고 있다.

자연과 인간을 돌이킬 수 없을 지경으로 변질시킬 수 있다는 가능성은 인간에게 새로운 명령, 즉 칸트식으로 유추해 보자면 "네 행동의 결과가 지구 안에서의 진정한 인간적 삶의 영속과 양립될 수 있도록 행동하라"는 '요나의 정언 명령'과 대면케 한다.

더 이상 주사위놀이는 하지 말자

20세기까지 인간의 자연에의 개입은 그들 자신 역시 그렇게 생각했듯이 피상적인 정도에 머물렀고, 결코 자연의 균형을 근본적으로 깨뜨릴 정도는 아니었다. 하지만 오늘날 인간이 자연에 개입하는 방식은 과거와는 전적으로 변모되었다.

"현대 기계 문명은 사물을 전대미문의 상황으로 인도했고 전대미문의 결과가 야기되었으며, 따라서 과거의 윤리 범주는 더 이상 이 모든 것을 수용할 수가 없다"고 요나는 말한다.

여기에서 새로운 윤리를 제정할 필요성이 대두되는 것이다.

이것은 기술적으로 가능한 모든 일에 대한 법적 이용 조건을 어떻게 규정지을 것인가의 문제뿐만 아니라, 과학적 발견물의 적용이 최악의 상황을 낳는 것을 막는 일 역시 포함된다.

생물학에서 비롯된 과학 기술이 개체로서 그리고 종으로서의 생물체의 특성을 개선하고 변형시키고, 심지어는 완전히 뒤바꾸어 놓음에 따라 역사상 처음으로 인류는 새로운 행동 국면에 직면하게 되었다. 이 놀라운 질적 변화에 대면하여 인류는 때늦게 법을 제정하는 것으로도, 닥치는 대로 법을 만들어 내는 것으로도 더 이상 만족할 수 없게 되었다. 과거 우리와 멀지 않은 세대의 윤리적 명령——정의, 긍휼, 성실 등——들이 '인간들의 상호 작용 영역'에서 여전히 일상의 가치로서 익숙하게 여겨진다면, 인류의 먼 미래에 영향을 미칠 인간 행동 결정력의 근본적인 변화는 그에 상응하는 윤리의 변화를 필연적인 것으로 만든다. 이것은 새로운 행동 대상이 현행의 행동 규범을 적용시킬 필요가 있는 경우의 영역을 실질적으로 확장시켜 감에 따라서이고, 또한 우리의 행동 중에서 질적으로 아직 발표되지 않는 어떠어떠한 본성은 전적으로 새로운 윤리적 의미 차원, 전통적인 윤리 관점과 원칙 안에서 전혀 예견될 수 없는 의미 차원을 면제받았음을 확언하는 좀더 근본적인 의미에서 그러하다.

공동체 안에서의 인류의 집단 행동 영역이 점차 확대되고, 그 안에서 행동하는 자와 행동, 그리고 행동의 결과가 예전의 전통 영역에서와는 달리 일치하지 않게 됨에 따라, 과거에는 상상

조차 하지 못했던 책임이라는 새로운 차원의 윤리가 필수불가
결한 것으로 요구되기에 이르렀다. 이는 곧 미래 세대에 대한
책임을 의미하는 것이다.

이처럼 요나는 기계과학 문명의 발전에 제한을 두는 것을 거
부하는 기초과학 연구자들에 맞서 아직 발표되지 않은 미발표
의 윤리를 내세운다. 그는 미래의 인류에 대한 책임은 오늘날
하나의 도리라고 주장한다. 이것은 새로운 윤리인데, 왜냐하면
이제까지는 미래의 인류가 권리를 가지고 있다고 주장한다는
것이 그다지 진지하게도, 그다지 합리적인 것으로도 보이지 않
았기 때문이다. 이것은 '너는 ……해야 한다. 따라서 너는 ……
할 수 있다'라는 과거의 전통 윤리를 '너는 ……할 수 있다. 따
라서 너는 ……해야 한다'로 뒤엎는 것이요, 우리 각자가 스스
로를 성실한 지구의 관리인으로 여기며 행동하도록, 그럼으로
써 자기 행동의 결과에 공동 책임을 지도록 이끄는 윤리이다.

지금까지의 도덕이 자기와 자기 자신과의 관계 혹은 자기와
현존하는 타자와의 관계에 문제를 제기했다면, 미래의 도덕은
아직 존재하지 않는 존재들과의 관계에 문제를 제기한다. 존재
가 비존재보다 가치롭다고 여기는 이 미래의 도덕은 인류가 존
재하도록, 계속 태어나고 존속하도록 하기 위한 것이다. 자연과
인생 '그 자체는 소멸하도록 되어 있다.' 여기에서 새로운 의무
가 발생한다. 이상이 이 정언 명령의 의미이며, 이 명령에 따르
면 우리는 우리의 행동이 야기할 수 있는 결과가 지구 위에서
후세 인류의 삶의 존속과 양립할 수 있도록 행동해야 한다.

따라서 어떤 과학 기술이 확실한 것이 아니라면, 그것이 미래

세대에게 있어 위험을 은닉하고 있을 가능성이 있다면 그 기술의 적용을 중지하는 것이 우리의 의무이다. 자연과 인간을 돌이킬 수 없게 훼손시킬 가능성이 있는 것에 대해 우리는 '주사위놀이'를 멈추어야 한다. 존재와 삶을 긍정한다면, 우리는 불확실한 놀이에는 단호히 아니오라고 선언해야 한다.

한스 요나에 의해 제의된 새로운 윤리는 법적 차원으로까지 연장되었고, 오늘날 법이론학자들은 인류와 미래 세대에 대한 범세계적인 의무와 책임이 존재한다는 점을 주시하고 있다. 제2차 세계대전 이후에 생겨났고, 이제는 구식처럼 들리는 '인류에 반한 범죄'라는 말에 '희생자 없는 범죄'라는 새로운 개념이 첨가되었다. 이것은 특히 매우 심각하고 복구가 불가능한 환경 파괴 문제에 연관된 것이거나, 예를 들어 만취 상태나 마약을 한 상태에서 저지른 행동과 같이 '유감 없는 과실'과 관련된 것이다.

E. 브라운 바이스(1993)는 저서 《미래 세대를 위한 정의》에서 우리 모두는 용익권자(用益權者)인 동시에 지구의 관리인이며, 따라서 우리 모두는 다가올 미래 세대에 책임과 의무가 있음을 상기시키고 있다. 미래 세대를 위한 정의는 좁게는 현재의 빈곤한 나라들을 위한 정의와도 일맥상통한다.

존재할 것인가, 존재하지 않을 것인가

철학적 차원에서 논쟁은 더욱 활기를 띤다. 왜냐하면 법학자들이 추론에 대해 법적으로 인정하고 그 새로운 윤리에 법적 해석을 부여코자 했다 하더라도, 아직 존재하지 않는 사람들이나 일반적 의미에서의 인류 혹은 동물이나 사물에 대한 법 개념은 아무런 의미도 없다고 생각하는 철학자들이 여전히 있기 때문이다. 그들에 따르면 권리를 주장할 수 있고, 또 그를 통해 의무 역시 이행할 줄 아는 도덕적 개인만이 법을 가질 수 있다는 것이다. 미래의 자연과 인류가 어떻게 미래의 자신들의 모습이 어떠어떠하기를 바랄 수 있단 말인가? 그럴 수 있다 치더라도 누가 제약을 가할 것인가? 어떤 국제적인 심급으로? 그 법의 합법성은 무엇을 근거로 할 것인가?

한스 요나가 인간의 자유에 한계를 강요하려 한다고 비난받을 수도 있다. 사실 인류를 원래 자연에 의해 생성되었던 그대로 고스란히 보존하길 원한다는 것은 모순이다. 이 인류가 생산해 낸 것은 인류가 존재하는 순간부터 역사이고, 따라서 반자연적인데 말이다. 인류의 역사, 즉 광범위하게 볼 때는 무의식적으로 보일지 모르는 인간의 역사가 실은 자가 생산·간섭·개입이라는 능동적인 진화의 과정일까? 또 "존재는 무보다 우월하다"라는 확신 속에 존재하는 것에 대한 일종의 신성화는 없었는가?

그럼에도 불구하고 자연을 신성화하는 것이 분명 독단적이라면 대답할 수 있다——인간은 문명적 존재에 지나지 않으며, 존재하는 것을 변형시키는 인간의 자유에 제한이 가해져서는 안 된다는 주장이 여전히 존재한다. 또 인간이나 자연에 대한 존중은 그 어떤 신성화나 모든 종교적 근거 밖에서 의의를 지닌다는 점에 주목하자. 인류의 생존을 위험에 빠뜨리거나 유전적 통합성을 훼손함이 없이 임의적으로 유전자를 변형시키거나, 혹은 지구 위의 모든 생명체의 존재 가능성을 파괴함이 없이, 존재하는 것을 변모시키는 연구나 행동을 법과 연계시키는 것은 생각할 수 없는 일인가? 그것은 가능하지 않은 것일까?

　인류가 있는 그대로 항상 동일하게 머물러야 한다는 요나의 개념에는 물론 반박의 여지가 있는 것도 사실이다. 하지만 인간 존재로서 우리는 변전되어 가는 그 전체성 안에서의 인간적 삶을 고려해야 한다는 점을 인정해야 한다. 우리의 행동은 현재의 인류 행복을 보장하는 것이어야 할 뿐 아니라, 또한 미래의 인류 행복 역시 보장하는 것이어야 한다. 예를 들어 오늘날에는 기술적으로 인간 복제가 가능하다. 하지만 재생산되는 복제는 매번 유일한 존재로서의 인간 존재의 종말을 의미한다. 이것은 인간을 재생산할 수 있고, 심지어는 산업적으로 제조할 수도 있는, 하나의 단순한 사물로 변형시키는 생물학적 표현법이 될 것이다. 최고 행정재판소가 강조하듯이 "주문에 의해 연구소에서 인간의 신체, 더 나아가 정신을 생산하는 것은 노예 제도에서도 볼 수 없었던 보다 근본적인 인간의 자유와 존엄성의 훼손을 가져올 것이다. 돌이키지 못하게 손상되는 것은 단지 인간의 행동이 아니라 인간 존재 그 자체이다."

　인간을 무한한 조작이 가능한 대상으로 취급하는 것은 인간 존중 원칙에 정면으로 대치되는 것이다. 몇몇 유전적 치료와 소

위 완벽한 인간을 창조하고자 하는 의지 사이에는 단순한 정도
의 차이가 있는 것이 아니라 완전한 단절, 원칙의 변화가 도사
리고 있다.

삶과 죽음에 절대적인 힘을 휘두르려 하는 기계 문명의 욕망
을 거부하지 못하는 한, 인간은 인간이라는 스스로의 차원을 지
켜 나갈 수 없을 것이다.

잘살기 위해서

도덕에 대한 성찰에서 비롯된 이러한 문제 제기 관점에서 이
렇게 질문해 보는 것은 어떨까: 손에 도덕에 **관해** 씌어진 책을
들고 있는 당신은 당신의 행동 방식을 바꾸기 시작했는가? 당
신의 머릿속으로는 플라톤·칸트·헤겔·니체·레비나스 같은
철학자들의 이름이 차례로 스쳐 지나갈 것이다. 하지만 이들이
내세웠던 호의, 경쟁, 타인의 시선, 의지, 권력, 의무 같은 개념
들은 이미 여러분의 머릿속에서 한데 뒤엉켜 버렸을 것이다.
어떤 게 어떤 철학자가 내세운 개념인지 도무지 연결될 기미가
보이지 않으며.

화가 난 당신은 "지금 내게 필요한 건 이게 아냐!"라고 소
리치며 이 책을 내던져 버릴지도 모른다……. '지금 내게 필요
한 건 도덕에 **관한** 책, 손쉽게 명령과 지침을 찾을 수 있는 책
이야' 라고 생각하면서 말이다.

하지만 행동을 위해서는 한 권의 책으로는 충분치 않다. 그리

고 마치 도덕이 요리나 되는 것처럼 바로 행동에 적용시킬 수 있도록 완벽하게 갖추어진 요리책은 존재하지 않는다…….

그러나 당신은 이제 막 도덕이 무엇인가 이해하기 시작했다. 타인을 만나기 위해, 용감하게 홀로 가기 위해 이제 당신은 길을 떠나야 한다. 그 어떤 책도 줄 수 없는 살아 있는 도덕은 바로 여기에 있다. 왜냐하면 우리가 정의로운 사람이 되는 것은 바로 정의로운 행동을 통해서이기 때문이다…….

참고 문헌

ARISTOTE(Stagire 384 av. J.-C. -Chalcis 322 av. J.-C.) : *Éthique à Nicomaque*(325-322 av. J. -C.), traduit du grec par J. Tricot, Paris, Vrin 1990.

BERGSON, Henri(Paris 1859-1941), *Les Deux Sources de la morale et de la religion*(1932), in *Œuvres*, PUF, 1959.

HEGEL, Georges Wilhelm Freidrich(Sttutgart 1770-Berlin 1831) : *Propédeutique philosophique*, §23(éd. posthume 1838), traduit de l'alllemand par Maurice de Gandillac, Minuit, 1963, repris par les éditions Gonthier, 〈Bibliothèque Médiations〉, 1964, p.31.

JANKÉLÉVITCH, Vladimir(Bourges 1903-Paris 1985), *Traité des vertus*(1949) et 2ᵉ édition remaniée, Bordas, 1972.

JONAS, Hans(Mönchengladbach 1903-New York 1993), *Le Principe responsabilité*(1979) traduit de l'allemand par Jean Greisch, Éd. du Cerf, 1990.

KANT, Emmanuel(Königsberg 1724-1804) : *Fondements de la métaphysique des mœurs*(1785), traduit de l'allemand par Victor Delbos, Delagrave, 1969.

——*Métaphysique des mœurs*, Première parti: *Doctrine du droit*(1796), chap. II, section I, §49, traduit de l'allemand par Jules Barni, Vrin, 1971. Deuxième partie: *Docrine de la vertu*(1797), §27, traduit de l'allemand par Alexis Philonenko, Vrin, 1968.

LEVINAS, Emmanuel(Kaunas 1905-Paris 1995) : *De l'existence à l'existant* (1947), Paris, Vrin, 1986.

——*Éthique et infini*(1982), Paris, Fayard, 1982.

LÉVY-BRUHL, Lucien(Paris 1857-1939) : *La Morale et la science des mœurs* (1903), Félix Alcan, 1903.

MACHIAVEL, Nicolas(Florence 1469-1527) : *Le Prince*(1513), traduit de l'italien par Jacques Gohory. in *Œuvres complètes*. Gallimard, 〈La Pléiade〉 1952.

NIETZSCHE, Friedrich(Rocken 1844-Weimar 1900) : *Généalogie de la morale* (1887), Deuxième traité, §8, traduit de l'allemand par Éric Blondel *et alii*, Flammarion, 〈GF Flammarion〉, 1996.

ROUSSEAU, Jean-Jacques(Genève 1712-Ermenonville 1778) : *Discours sur l'origine et les fondements de l'inégalité parmi les hommes*(1755), Première partie, Garnier-Flammarion, 1971, p.198.

——*Émile*(1762), livre IV, in *Œuvres complètes*, t, IV, Gallimard, 〈La Pléiade〉, 1969.

—— *Contre social*(1762), livre I, chap. 3, Aubier, 〈Bibliothèque philosophique〉, 1943.

SCHELER, Max(Munich 1874-Francfort-sur-le-Main 1928), *Le Sens de la souffrance*(1916), traduit ed l'allemand par Pierre Klossowski, Aubier, 1936.

TOCQUEVILLE, Alexis de(Paris 1805-Cannes 1859) : *De la démocratie en Amérique*(1835-1840), in *Œuvres complètes*, Gallimard, 〈La Pléiade〉, 1961.

색 인

고수현
이화여자대학교 불어교육과 졸업
서강대학교 불문과 대학원 졸업
논문: 〈르 끌레지오 작품 《홍수》에 나타난 창조-파괴의 순환적 움직임 연구〉
역서: 《어린 왕자》《마스톡과 무스틱》《책 속에 들어간 아이들》
《웃음짓는 소》《꿀꿀이 왕》《서양미술사》《피에로와 밤의 비밀》
《파료가 삼킨 항구》《토머스의 끝없는 여행》《실수투성이 초보마녀》
《낡은 헛간의 리코》《말라깽이 에디》

현대신서
109

도덕에 관한 에세이

초판발행 : 2002년 5월 20일

지은이 : 크리스티앙 로슈 / 장 자크 바레르
옮긴이 : 고수현
펴낸이 : 辛成大
펴낸곳 : 東文選
제10-64호, 78. 12. 16 등록
110-300 서울 종로구 관훈동 74번지
전화 : 737-2795

편집설계 : 韓仁淑 李惠允 劉泫兒

ISBN 89-8038-233-2 04100
ISBN 89-8038-050-X (현대신서)

【東文選 現代新書】

1 21세기를 위한 새로운 엘리트　　　　　FORESEEN 연구소 / 김경현　　　　7,000원
2 의지, 의무, 자유 — 주제별 논술　　　　L. 밀러 / 이대희　　　　　　　6,000원
3 사유의 패배　　　　　　　　　　　　A. 핑켈크로트 / 주태환　　　　7,000원
4 문학이론　　　　　　　　　　　　　J. 컬러 / 이은경 · 임옥희　　　　7,000원
5 불교란 무엇인가　　　　　　　　　　D. 키언 / 고길환　　　　　　　6,000원
6 유대교란 무엇인가　　　　　　　　　N. 솔로몬 / 최창모　　　　　　6,000원
7 20세기 프랑스철학　　　　　　　　　E. 매슈스 / 김종갑　　　　　　8,000원
8 강의에 대한 강의　　　　　　　　　　P. 부르디외 / 현택수　　　　　6,000원
9 텔레비전에 대하여　　　　　　　　　P. 부르디외 / 현택수　　　　　7,000원
10 고고학이란 무엇인가　　　　　　　　P. 반 / 박범수　　　　　　　　근간
11 우리는 무엇을 아는가　　　　　　　T. 나겔 / 오영미　　　　　　　5,000원
12 에쁘롱 — 니체의 문체들　　　　　　J. 데리다 / 김다은　　　　　　7,000원
13 히스테리 사례분석　　　　　　　　　S. 프로이트 / 태혜숙　　　　　7,000원
14 사랑의 지혜　　　　　　　　　　　　A. 핑켈크로트 / 권유현　　　　6,000원
15 일반미학　　　　　　　　　　　　　R. 카이유와 / 이경자　　　　　6,000원
16 본다는 것의 의미　　　　　　　　　J. 버거 / 박범수　　　　　　　10,000원
17 일본영화사　　　　　　　　　　　　M. 테시에 / 최은미　　　　　　7,000원
18 청소년을 위한 철학교실　　　　　　A. 자카르 / 장혜영　　　　　　7,000원
19 미술사학 입문　　　　　　　　　　　M. 포인턴 / 박범수　　　　　　8,000원
20 클래식　　　　　　　　　　　　　　M. 비어드 · J. 헨더슨 / 박범수　6,000원
21 정치란 무엇인가　　　　　　　　　　K. 미노그 / 이정철　　　　　　6,000원
22 이미지의 폭력　　　　　　　　　　　O. 몽젱 / 이은민　　　　　　　8,000원
23 청소년을 위한 경제학교실　　　　　J. C. 드루엥 / 조은미　　　　　6,000원
24 순진함의 유혹 〔메디시스賞 수상작〕　P. 브뤼크네르 / 김웅권　　　9,000원
25 청소년을 위한 이야기 경제학　　　　A. 푸르상 / 이은민　　　　　　8,000원
26 부르디외 사회학 입문　　　　　　　P. 보네위츠 / 문경자　　　　　7,000원
27 돈은 하늘에서 떨어지지 않는다　　　K. 아른트 / 유영미　　　　　　6,000원
28 상상력의 세계사　　　　　　　　　　R. 보이아 / 김웅권　　　　　　9,000원
29 지식을 교환하는 새로운 기술　　　　A. 벵토릴라 外 / 김혜경　　　　6,000원
30 니체 읽기　　　　　　　　　　　　　R. 비어즈워스 / 김웅권　　　　6,000원
31 노동, 교환, 기술 — 주제별 논술　　　B. 데코사 / 신은영　　　　　　6,000원
32 미국만들기　　　　　　　　　　　　R. 로티 / 임옥희　　　　　　　근간
33 연극의 이해　　　　　　　　　　　　A. 쿠프리 / 장혜영　　　　　　8,000원
34 라틴문학의 이해　　　　　　　　　　J. 가야르 / 김교신　　　　　　8,000원
35 여성적 가치의 선택　　　　　　　　FORESEEN연구소 / 문신원　　7,000원
36 동양과 서양 사이　　　　　　　　　L. 이리가라이 / 이은민　　　　7,000원
37 영화와 문학　　　　　　　　　　　　R. 리처드슨 / 이형식　　　　　8,000원
38 분류하기의 유혹 — 생각하기와 조직하기　G. 비뇨 / 임기대　　　　7,000원
39 사실주의 문학의 이해　　　　　　　G. 라루 / 조성애　　　　　　　8,000원
40 윤리학 — 악에 대한 의식에 관하여　A. 바디우 / 이종영　　　　　　7,000원
41 흙과 재 〔소설〕　　　　　　　　　　A. 라히미 / 김주경　　　　　　6,000원
42 진보의 미래　　　　　　　　　　　　D. 르쿠르 / 김영선　　　　　　6,000원
43 중세에 살기　　　　　　　　　　　　J. 르 고프 外 / 최애리　　　　8,000원
44 쾌락의 횡포 · 상　　　　　　　　　J. C. 기유보 / 김웅권　　　　10,000원
45 쾌락의 횡포 · 하　　　　　　　　　J. C. 기유보 / 김웅권　　　　10,000원

46 운디네와 지식의 불	B. 데스파냐 / 김웅권	근간
47 이성의 한가운데에서 — 이성과 신앙	A. 퀴노 / 최은영	6,000원
48 도덕적 명령	FORESEEN 연구소 / 우강택	6,000원
49 망각의 형태	M. 오제 / 김수경	6,000원
50 느리게 산다는 것의 의미 · 1	P. 쌍소 / 김주경	7,000원
51 나만의 자유를 찾아서	C. 토마스 / 문신원	6,000원
52 음악적 삶의 의미	M. 존스 / 송인영	근간
53 나의 철학 유언	J. 기통 / 권유현	8,000원
54 타르튀프 / 서민귀족 〔희곡〕	몰리에르 / 덕성여대극예술비교연구회	8,000원
55 판타지 공장	A. 플라워즈 / 박범수	10,000원
56 홍수 · 상 〔완역판〕	J. M. G. 르 클레지오 / 신미경	8,000원
57 홍수 · 하 〔완역판〕	J. M. G. 르 클레지오 / 신미경	8,000원
58 일신교 — 성경과 철학자들	E. 오르디그 / 전광호	6,000원
59 프랑스 시의 이해	A. 바이양 / 김다은 · 이혜지	8,000원
60 종교철학	J. P. 힉 / 김희수	10,000원
61 고요함의 폭력	V. 포레스테 / 박은영	8,000원
62 소녀, 선생님 그리고 신 〔소설〕	E. 노르트호펜 / 안상원	근간
63 미학개론 — 예술철학입문	A. 셰퍼드 / 유호전	10,000원
64 논증 — 담화에서 사고까지	G. 비뇨 / 임기대	6,000원
65 역사 — 성찰된 시간	F. 도스 / 김미겸	7,000원
66 비교문학개요	F. 클로동 · K. 아다-보트링 / 김정란	8,000원
67 남성지배	P. 부르디외 / 김용숙 · 주경미	9,000원
68 호모사피언스에서 인터렉티브인간으로	FORESEEN 연구소 / 공나리	8,000원
69 상투어 — 언어 · 담론 · 사회	R. 아모시 · A. H. 피에로 / 조성애	9,000원
70 촛불의 미학	G. 바슐라르 / 이가림	근간
71 푸코 읽기	P. 빌루에 / 나길래	근간
72 문학논술	J. 파프 · D. 로쉬 / 권종분	8,000원
73 한국전통예술개론	沈雨晟	10,000원
74 시학 — 문학 형식 일반론 입문	D. 퐁텐느 / 이용주	8,000원
75 자유의 순간	P. M. 코헨 / 최하영	근간
76 동물성 — 인간의 위상에 관하여	D. 르스텔 / 김승철	6,000원
77 랑가쥬 이론 서설	L. 옐름슬레우 / 김용숙 · 김혜련	10,000원
78 잔혹성의 미학	F. 토넬리 / 박형섭	9,000원
79 문학 텍스트의 정신분석	M. J. 벨멩-노엘 / 심재중 · 최애영	9,000원
80 무관심의 절정	J. 보드리야르 / 이은민	8,000원
81 영원한 황홀	P. 브뤼크네르 / 김웅권	9,000원
82 노동의 종말에 반하여	D. 슈나페르 / 김교신	6,000원
83 프랑스영화사	J. -P. 장콜 / 김혜련	근간
84 조와(弔蛙)	金教臣 / 노치준 · 민혜숙	8,000원
85 역사적 관점에서 본 시네마	J. -L. 뢰트라 / 곽노경	근간
86 욕망에 대하여	M. 슈벨 / 서민원	8,000원
87 산다는 것의 의미 · 1 — 여분의 행복	P. 쌍소 / 김주경	7,000원
88 철학 연습	M. 아롱델-로오 / 최은영	8,000원
89 삶의 기쁨들	D. 노게 / 이은민	6,000원
90 이탈리아영화사	L. 스키파노 / 이주현	8,000원
91 한국문화론	趙興胤	10,000원

【東文選 文藝新書】

17	몽고문화사	D. 마이달 / 金龜山	8,000원
18	신화 미술 제사	張光直 / 李 徹	10,000원
19	아시아 무용의 인류학	宮尾慈良 / 沈雨晟	절판
20	아시아 민족음악순례	藤井知昭 / 沈雨晟	5,000원
21	華夏美學	李澤厚 / 權 瑚	15,000원
22	道	張立文 / 權 瑚	18,000원
23	朝鮮의 占卜과 豫言	村山智順 / 金禧慶	15,000원
24	원시미술	L. 아담 / 金仁煥	16,000원
25	朝鮮民俗誌	秋葉隆 / 沈雨晟	12,000원
26	神話의 이미지	J. 캠벨 / 扈承喜	근간
27	原始佛敎	中村元 / 鄭泰爀	8,000원
28	朝鮮女俗考	李能和 / 金尙憶	24,000원
29	朝鮮解語花史(조선기생사)	李能和 / 李在崑	25,000원
30	조선창극사	鄭魯湜	7,000원
31	동양회화미학	崔炳植	9,000원
32	性과 결혼의 민족학	和田正平 / 沈雨晟	9,000원
33	農漁俗談辭典	宋在璇	12,000원
34	朝鮮의 鬼神	村山智順 / 金禧慶	12,000원
35	道敎와 中國文化	葛兆光 / 沈揆昊	15,000원
36	禪宗과 中國文化	葛兆光 / 鄭相泓·任炳權	8,000원
37	오페라의 역사	L. 오레이 / 류연희	절판
38	인도종교미술	A. 무케르지 / 崔炳植	14,000원
39	힌두교의 그림언어	안넬리제 外 / 全在星	9,000원
40	중국고대사회	許進雄 / 洪 熹	22,000원
41	중국문화개론	李宗桂 / 李宰碩	15,000원
42	龍鳳文化源流	王大有 / 林東錫	17,000원
43	甲骨學通論	王宇信 / 李宰錫	근간
44	朝鮮巫俗考	李能和 / 李在崑	20,000원
45	미술과 페미니즘	N. 부루드 外 / 扈承喜	9,000원
46	아프리카미술	P. 윌레뜨 / 崔炳植	절판
47	美의 歷程	李澤厚 / 尹壽榮	22,000원
48	曼茶羅의 神들	立川武藏 / 金龜山	19,000원
49	朝鮮歲時記	洪錫謨 外/李錫浩	30,000원
50	하 상	蘇曉康 外 / 洪 熹	절판
51	武藝圖譜通志 實技解題	正 祖 / 沈雨晟·金光錫	15,000원
52	古文字學첫걸음	李學勤 / 河永三	14,000원
53	體育美學	胡小明 / 閔永淑	10,000원
54	아시아 美術의 再發見	崔炳植	9,000원
55	曆과 占의 科學	永田久 / 沈雨晟	8,000원
56	中國小學史	胡奇光 / 李宰碩	20,000원
57	中國甲骨學史	吳浩坤 外 / 梁東淑	35,000원
58	꿈의 철학	劉文英 / 河永三	22,000원
59	女神들의 인도	立川武藏 / 金龜山	19,000원
60	性의 역사	J. L. 플랑드렝 / 편집부	18,000원
61	쉬르섹슈얼리티	W. 챠드윅 / 편집부	10,000원
62	여성속담사전	宋在璇	18,000원

63 박재서희곡선	朴栽緒	10,000원
64 東北民族源流	孫進已 / 林東錫	13,000원
65 朝鮮巫俗의 研究(상·하)	赤松智城·秋葉隆 / 沈雨晟	28,000원
66 中國文學 속의 孤獨感	斯波六郎 / 尹壽榮	8,000원
67 한국사회주의 연극운동사	李康列	8,000원
68 스포츠인류학	K. 블랑챠드 外 / 박기동 外	12,000원
69 리조복식도감	리팔찬	절판
70 娼 婦	A. 꼬르뱅 / 李宗旼	22,000원
71 조선민요연구	高晶玉	30,000원
72 楚文化史	張正明	근간
73 시간, 욕망, 그리고 공포	A. 코르뱅	18,000원
74 本國劍	金光錫	40,000원
75 노트와 반노트	E. 이오네스코 / 박형섭	절판
76 朝鮮美術史研究	尹喜淳	7,000원
77 拳法要訣	金光錫	10,000원
78 艸衣選集	艸衣意恂 / 林鍾旭	14,000원
79 漢語音韻學講義	董少文 / 林東錫	10,000원
80 이오네스코 연극미학	C. 위베르 / 박형섭	9,000원
81 중국문자훈고학사전	全廣鎭 편역	15,000원
82 상말속담사전	宋在璇	10,000원
83 書法論叢	沈尹默 / 郭魯鳳	8,000원
84 침실의 문화사	P. 디비 / 편집부	9,000원
85 禮의 精神	柳肅 / 洪熹	20,000원
86 조선공예개관	日本民芸協會 편 / 沈雨晟	30,000원
87 性愛의 社會史	J. 솔레 / 李宗旼	18,000원
88 러시아미술사	A. I 조토프 / 이건수	16,000원
89 中國書藝論文選	郭魯鳳 選譯	25,000원
90 朝鮮美術史	關野貞 / 沈雨晟	근간
91 美術版 탄트라	P. 로슨 / 편집부	8,000원
92 쿤달리니	A. 무케르지 / 편집부	9,000원
93 카마수트라	바짜야나 / 鄭泰爀	10,000원
94 중국언어학총론	J. 노먼 / 全廣鎭	18,000원
95 運氣學說	任應秋 / 李宰碩	8,000원
96 동물속담사전	宋在璇	20,000원
97 자본주의의 아비투스	P. 부르디외 / 최종철	6,000원
98 宗敎學入門	F. 막스 뮐러 / 金龜山	10,000원
99 변 화	P. 바츨라빅크 外 / 박인철	10,000원
100 우리나라 민속놀이	沈雨晟	15,000원
101 歌訣(중국역대명언경구집)	李宰碩 편역	20,000원
102 아니마와 아니무스	A. 융 / 박해순	8,000원
103 나, 너, 우리	L. 이리가라이 / 박정오	10,000원
104 베케트연극론	M. 푸크레 / 박형섭	8,000원
105 포르노그래피	A. 드워킨 / 유혜련	12,000원
106 셸 링	M. 하이데거 / 최상욱	12,000원
107 프랑수아 비용	宋勉	18,000원
108 중국서예 80제	郭魯鳳 편역	16,000원

109 性과 미디어	W. B. 키 / 박해순	12,000원
110 中國正史朝鮮列國傳(전2권)	金聲九 편역	120,000원
111 질병의 기원	T. 매큐언 / 서 일·박종연	12,000원
112 과학과 젠더	E. F. 켈러 / 민경숙·이현주	10,000원
113 물질문명·경제·자본주의	F. 브로델 / 이문숙 外	절판
114 이탈리아인 태고의 지혜	G. 비코 / 李源斗	8,000원
115 中國武俠史	陳 山 / 姜鳳求	18,000원
116 공포의 권력	J. 크리스테바 / 서민원	23,000원
117 주색잡기속담사전	宋在璇	15,000원
118 죽음 앞에 선 인간(상·하)	P. 아리에스 / 劉仙子	각권 8,000원
119 철학에 대하여	L. 알튀세르 / 서관모·백승욱	12,000원
120 다른 곳	J. 데리다 / 김다은·이혜지	10,000원
121 문학비평방법론	D. 베르제 外 / 민혜숙	12,000원
122 자기의 테크놀로지	M. 푸코 / 이희원	16,000원
123 새로운 학문	G. 비코 / 李源斗	22,000원
124 천재와 광기	P. 브르노 / 김응권	13,000원
125 중국은사문화	馬 華·陳正宏 / 강경범·천현경	12,000원
126 푸코와 페미니즘	C. 라마자노글루 外 / 최 영 外	16,000원
127 역사주의	P. 해밀턴 / 임옥희	12,000원
128 中國書藝美學	宋 民 / 郭魯鳳	16,000원
129 죽음의 역사	P. 아리에스 / 이종민	13,000원
130 돈속담사전	宋在璇 편	15,000원
131 동양극장과 연극인들	김영무	15,000원
132 生育神과 性巫術	宋兆麟 / 洪 熹	20,000원
133 미학의 핵심	M. M. 이턴 / 유호전	14,000원
134 전사와 농민	J. 뒤비 / 최생열	18,000원
135 여성의 상태	N. 에니크 / 서민원	22,000원
136 중세의 지식인들	J. 르 고프 / 최애리	18,000원
137 구조주의의 역사(전4권)	F. 도스 / 이봉지 外	각권 13,000원
138 글쓰기의 문제해결전략	L. 플라워 / 원진숙·황정현	20,000원
139 음식속담사전	宋在璇 편	16,000원
140 고전수필개론	權 瑚	16,000원
141 예술의 규칙	P. 부르디외 / 하태환	23,000원
142 "사회를 보호해야 한다"	M. 푸코 / 박정자	20,000원
143 페미니즘사전	L. 터틀 / 호승희·유혜련	26,000원
144 여성심벌사전	B. G. 워커 / 정소영	근간
145 모데르니테 모데르니테	H. 메쇼닉 / 김다은	20,000원
146 눈물의 역사	A. 벵상뷔포 / 김자경	18,000원
147 모더니티입문	H. 르페브르 / 이종민	24,000원
148 재생산	P. 부르디외 / 이상호	18,000원
149 종교철학의 핵심	W. J. 웨인라이트 / 김희수	18,000원
150 기호와 몽상	A. 시몽 / 박형섭	22,000원
151 융분석비평사전	A. 새뮤얼 外 / 민혜숙	16,000원
152 운보 김기창 예술론연구	최병식	14,000원
153 시적 언어의 혁명	J. 크리스테바 / 김인환	20,000원
154 예술의 위기	Y. 미쇼 / 하태환	15,000원

155	프랑스사회사	G. 뒤프 / 박 단	16,000원
156	중국문예심리학사	劉偉林 / 沈揆昊	30,000원
157	무지카 프라티카	M. 캐넌 / 김혜중	25,000원
158	불교산책	鄭泰爀	20,000원
159	인간과 죽음	E. 모랭 / 김명숙	23,000원
160	地中海(전5권)	F. 브로델 / 李宗畋	근간
161	漢語文字學史	黃德實·陳秉新 / 河永三	24,000원
162	글쓰기와 차이	J. 데리다 / 남수인	28,000원
163	朝鮮神事誌	李能和 / 李在崑	근간
164	영국제국주의	S. C. 스미스 / 이태숙·김종원	16,000원
165	영화서술학	A. 고드로·F. 조스트 / 송지연	17,000원
166	미학사전	사사키 겐이치 / 민주식	근간
167	하나이지 않은 성	L. 이리가라이 / 이은민	18,000원
168	中國歷代書論	郭魯鳳 譯註	8,000원
169	요가수트라	鄭泰爀	15,000원
170	비정상인들	M. 푸코 / 박정자	25,000원
171	미친 진실	J. 크리스테바 外 / 서민원	25,000원
172	디스탱숑(상·하)	P. 부르디외 / 이종민	근간
173	세계의 비참(전3권)	P. 부르디외 外 / 김주경	각권 26,000원
174	수묵의 사상과 역사	崔炳植	근간
175	파스칼적 명상	P. 부르디외 / 김웅권	22,000원
176	지방의 계몽주의(전2권)	D. 로슈 / 주명철	근간
177	이혼의 역사	R. 필립스 / 박범수	25,000원
178	사랑의 단상	R. 바르트 / 김희영	근간
179	中國書藝理論體系	熊秉明 / 郭魯鳳	근간
180	미술시장과 경영	崔炳植	16,000원
181	카프카 — 소수적인 문학을 위하여	G. 들뢰즈·F. 가타리 / 이진경	13,000원
182	이미지의 힘 — 영상과 섹슈얼리티	A. 쿤 / 이형식	13,000원
183	공간의 시학	G. 바슐라르 / 곽광수	근간
184	랑데부 — 이미지와의 만남	J. 버거 / 임옥희·이은경	근간
185	푸코와 문학 — 글쓰기의 계보학을 향하여	S. 듀링 / 오경심·홍유미	근간
186	각색, 연극에서 영화로	A. 엘보 / 이선형	16,000원
187	폭력과 여성들	C. 도펭 外 / 이은민	근간
188	하드 바디 — 레이건 시대 할리우드 영화에 나타난 남성성	S. 제퍼드 / 이형식	18,000원
189	영화의 환상성	J. -L. 뢰트라 / 김경온·오일환	18,000원
190	번역과 제국	D. 로빈슨 / 정혜욱	16,000원
191	그라마톨로지에 대하여	J. 데리다 / 김웅권	근간
192	보건 유토피아	R. 브로만 外 / 서민원	근간
193	현대의 신화	R. 바르트 / 이화여대기호학연구소	20,000원
194	중국회화백문백답	郭魯鳳	근간
195	고서화감정개론	徐邦達 / 郭魯鳳	근간
196	상상의 박물관	A. 말로 / 김웅권	근간
197	부빈느의 일요일	J. 뒤비 / 최생열	근간
198	아인슈타인의 최대 실수	D. 골드스미스 / 박범수	근간
199	유인원, 사이보그, 그리고 여자	D. 해러웨이 / 민경숙	근간